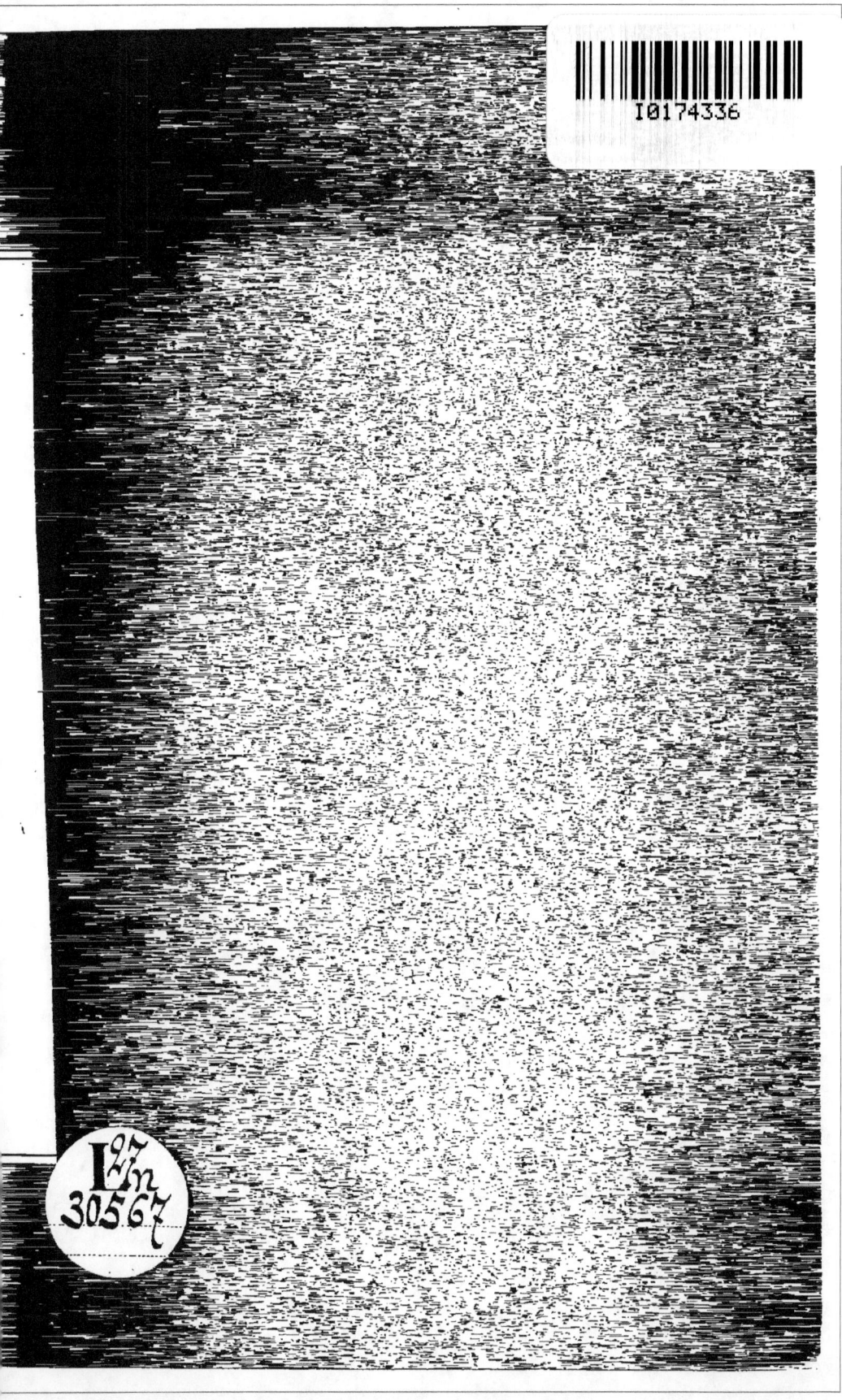

ÉLOGE

DE

M. le C.te Charles De MONTALEMBERT

DISCOURS

*Qui a obtenu la première Mention honorable au Concours
de l'Académie des Jeux Floraux de 1878*

Par M. l'Abbé RÉDIER DE LA VILATTE
(de Toulouse)

TOULOUSE
IMPRIMERIE DOULADOURE
rue Saint-Rome, 39

1878

ÉLOGE

DE

M. le Cte Charles De MONTALEMBERT

DISCOURS

Qui a obtenu la première Mention honorable au Concours
de l'Académie des Jeux Floraux de 1878

Par M. l'Abbé RÉDIER DE LA VILATTE
(de Toulouse)

TOULOUSE
IMPRIMERIE DOULADOURE
rue Saint-Rome, 39

1878

L'Académie des Jeux Floraux avait proposé, pour sujet du Discours en prose pour l'année 1878, l'Éloge du comte Charles de Montalembert.

Onze concurrents ont pris part à la lutte.

Mais aucun des discours envoyés n'ayant rempli les vues de l'Académie, l'Éloge du comte de Montalembert a été remis au concours pour l'année 1880.

Toutefois, quatre ouvrages ont été honorablement mentionnés dans le Rapport sur le concours, parmi lesquels figure en première ligne celui qui a pour épigraphe : *Notre religion a été fondée et défendue par le libre exercice de la pensée et de la parole.*

Voici comment s'exprime le rapporteur, M. le comte Fernand de Rességuier, secrétaire perpétuel, sur ce travail :

« C'est donc à un travail plus harmonieux et dont
» les informations seront plus sûres que nous devons
» demander la réponse que nous cherchons. Et un
» moment nous avons cru l'avoir trouvée en lisant
» l'étude, si consciencieuse, qu'un homme certai-
» nement distingué nous a envoyée. Sur la pre-
» mière page, on lisait cette pensée de Château-
» briand : « *Notre religion a été fondée et défendue
» par le libre exercice de la pensée et de la parole.* »
» Cette étude, qui est presque un livre, nous
» tentait par tout ce que nous y trouvions. Rien de
» ce qui touche Montalembert ne semblait oublié.
» Les recherches les plus vastes mettaient à nu les
» origines, les mobiles, les voies parcourues, les
» abîmes côtoyés, les victoires, les désenchan-
» tements et les aveux de cet esprit qui fut mêlé à
» tant de luttes passionnées.
» Comme Mémoire, ce travail laissait peu à dé-
» sirer. Comme modération, convenance de ton,
» justesse de vues, cette œuvre était méritante.
» Mais, comme discours, l'Académie pouvait-elle
» l'admettre et la couronner ? Pouvait-elle, en pré-
» sence de cette vie qui parle de si haut, de cette
» voix qui a jeté un si grand éclat, laisser louer
» M. de Montalembert par un effet de simple ré-

» flexion? Pouvait-elle renoncer à une satisfaction
» plus vive, celle de voir notre belle langue fran-
» çaise assister elle-même à cette fête donnée à
» celui qui l'a si bien parlée?

L'Académie ne l'a point pensé. . . . .
. . . . »

L'auteur soussigné de l'éloge est pénétré de la plus vive reconnaissance pour les paroles flatteuses imprimées dans le rapport; il déclare en accepter les critiques avec toute la déférence due à un corps littéraire aussi illustre; mais, n'ayant pas l'intention de rentrer dans la lice pour le concours si éloigné de 1880, il reprend, en ce qui concerne l'Éloge du comte de Montalembert, sa pleine et entière liberté.

E. Rédier de la Vilatte,
Prêtre, aumônier des Sœurs de Saint-Joseph, à Toulouse.

ÉLOGE

DE

M. le Cte Charles De MONTALEMBERT

> Notre Religion a été fondée et défendue par le libre exercice de la Pensée et de la Parole.
> (CHATEAUBRIAND.)

La société française a subi, depuis un siècle, toutes les vicissitudes des choses humaines.

Bouleversée de fond en comble par la tempête révolutionnaire, profondément agitée par de périodiques cataclysmes, elle a vu remettre en question toutes les grandes institutions qui font les grands peuples, sans pouvoir se reposer avec calme et noblesse sur le sol antique de ses vertus traditionnelles.

Il lui est resté, toutefois, au milieu de ces anxieuses péripéties, deux forces puissantes, deux principes féconds : l'Eglise et la Liberté ! L'Eglise ! qui se maintient dans le monde, toujours victorieuse, parce qu'elle est soutenue par la main de Dieu, et la vraie liberté, qui se maintient, elle aussi, toujours forte, toujours énergique, parce qu'elle est défendue par la main de l'Eglise.

Malheureusement, l'Eglise et la liberté moderne ne se sont pas toujours rencontrées sur le sol du dix-neuvième siècle pour vivre ensemble dans l'union et l'harmonie; trop souvent, cette liberté, orgueilleuse de ses triomphes sur le passé, au lieu de saluer dans l'Eglise l'astre brillant qui devait éclairer sa route, s'est détournée avec mépris et, seule, a voulu régner en souveraine absolue sur les destinées de l'humanité.

De là, d'effroyables confusions dans les idées sociales et politiques; de là, le chaos des philosophies, des sectes, des systèmes; de là, le scepticisme rongeur qui a fait sombrer les plus belles intelligences et flétri les plus nobles cœurs.

Il est certain que le grand problème de notre temps est l'alliance de la religion et de la liberté.

Aucun des hommes éminents qui ont paru sur la scène du monde, à notre époque, n'a pu se soustraire à l'influence de cette grande question religieuse qui domine et renferme toutes les autres, et que l'on retrouve toujours au fond de nos dissensions politiques; voilà pourquoi, retracer la vie ou l'éloge des grands hommes contemporains, devient une tâche difficile et périlleuse, si l'on veut conserver une noble indépendance et ne froisser aucune des susceptibilités des temps actuels.

Grâce à Dieu, il faut le reconnaître, il est devenu plus facile aujourd'hui de faire retentir bien haut les grands mots de Religion et de Liberté. Des âmes d'élite se sont rencontrées qui ont noblement combattu depuis un demi-siècle dans l'arène religieuse;

des victoires signalées ont été remportées au souffle de cette liberté moderne dont les ennemis du Christ avaient arboré l'étendard contre le principe catholique, souffle libérateur et divin qui, par un étrange renversement des conceptions humaines, a ramené sur notre horizon national les franchises les plus essentielles et les gloires les plus pures de l'antique religion de la patrie.

Au milieu de cette illustre phalange, brille au premier rang un homme dont le nom seul est le type achevé d'une existence qui s'est écoulée tout entière dans les deux amours réunis de l'Eglise et de la Liberté.

Cet homme! c'est le comte Charles de Montalembert.

En prononçant ce nom à jamais célèbre dans les grandes luttes religieuses du dix-neuvième siècle, on entend vibrer délicieusement les noms chéris de l'Eglise et de la France; on entend les sanglots de la Pologne et les mâles accents de l'Irlande; on saisit comme un écho lointain de la grande voix dominicaine qui ébranlait les voûtes de Notre-Dame; on entend gémir le grand pontife des temps modernes, calme et sans peur sur des ruines amoncelées; on tressaille au souvenir de ces véhémentes adjurations réclamant du haut de la tribune la liberté, toutes les libertés, rien que la liberté. Noble et chevaleresque existence d'un chevalier français du moyen âge, qui n'a repoussé aucun des légitimes progrès de notre civilisation contemporaine, dont la préoccupation constante et la seule ambition furent de réunir dans un seul embrassement la Foi, cette grande vertu des anciens jours, avec les magnifiques conquêtes des temps présents.

Ce fut un rêve glorieux ! une ambition grandiose ! une conception de génie !

Oui ! si le dix-neuvième siècle, avec ses grandes aspirations, ses inventions merveilleuses, ses progrès scientifiques, avait su déposer tous ces trésors aux pieds des autels du Christ, il eût éclipsé tous ses devanciers ; le rayonnement de sa gloire se serait prolongé aux acclamations de l'histoire dans l'infini de l'immortalité.

Montalembert, avant de descendre au tombeau, vit s'évanouir cette grande espérance. Il vit le beau séraphin de la liberté, qu'il avait tant aimé, se débattre dans la boue et le sang, sous les étreintes de passions criminelles et insensées ; il le vit captif sous la main de fer d'un despotisme, peut-être nécessaire, mais toujours malheureux.

La destinée de ce grand homme sera toujours une belle page de l'histoire religieuse de notre pays. Elle fera palpiter les cœurs nobles et sensibles, elle inspirera les plus généreuses pensées. Ecrire l'éloge de Montalembert, c'est faire briller le génie religieux de la France !

Apprécier la vie et les travaux d'un homme aussi illustre que M. de Montalembert, étudier le rôle qu'il a joué sur la scène si tumultueuse de notre siècle, rappeler ses vertus sans dissimuler ses défauts, mesurer l'influence qu'il a exercée sur les âmes et sur les événements, faire ressortir l'énergie de ses convictions et la profondeur de son talent ; un pareil labeur ne peut pas être circonscrit dans les limites d'un discours purement académique destiné surtout à exalter l'éloquence ou les travaux littéraires d'un orateur ou d'un écrivain.

M. de Montalembert n'est pas seulement un orateur célèbre, un publiciste éminent, il est plus que tout cela : il est un nom, un type; il représente une idée, l'idée la plus controversée du siècle présent, celle qui, depuis dix-huit siècles, tient toujours en haleine et en suspens l'humanité tout entière, c'est-à-dire l'idée religieuse.

Or, il y a à peine huit années que cette grande existence a été brisée, livrant au jugement de la postérité ses graves et religieuses théories. Depuis cette mort prématurée, de sinistres et funestes événements se sont accomplis sur le sol national. Le peuple français s'est élancé sans frein et sans mesure vers la réalisation de ses désirs de liberté illimitée et de réforme sociale ; de nouvelles attaques contre l'Eglise, contre le catholicisme, ont surgi de toute part; au milieu de ce conflit religieux, le nom de Montalembert devait évidemment inspirer des appréciations diverses, des sentiments opposés. Aussi a-t-il recueilli sur son passage des enthousiasmes passionnés, de chaleureuses acclamations, en même temps qu'il suscitait dans le camp opposé des critiques ardentes et systématiques. Chevalier sans peur du catholicisme, il osa, en présence d'une société encore tout imprégnée des doctrines de la Révolution, arborer fièrement le drapeau de l'Eglise, non-seulement au point de vue spéculatif, mais encore et surtout au point de vue pratique, soutenant par les œuvres de la piété chrétienne les paroles qu'il prononçait à la tribune et l'ensemble de tous les actes de sa vie publique. Il devint alors un sujet d'étonnement profond pour cette génération incrédule et frivole qui ne comprenait plus la sublime légitimité de l'action catholique et ne pouvait admettre que, dans les rangs d'une société émancipée par la philosophie du dix-huitième siècle, on pût rencontrer un grand homme, un illustre orateur, un artiste, un poète, une âme libre enfin, sous l'enveloppe monacale d'un dévot du treizième siècle. Voilà le trait qui caractérise précisément la physionomie originale, trop souvent incomprise, de Montalembert ; il ressemble à ces astres brillants, mais solitaires, qui scintillent, uniques, au milieu des obscurités d'une profonde nuit.

De ces considérations préliminaires, il résulte qu'il est impossible de faire abstraction de la personnalité intime du grand orateur, de sa vie privée, de ses convictions énergiques, si l'on veut étudier avec succès sa vie publique et son action véritable sur la société française. Ainsi agit le savant ; il recherche le sol qui a vu naître et grandir l'arbre, le climat qui lui prodigua la lumière de son soleil, la fécondité de ses pluies, avant de déterminer le parfum de ses fleurs et la suavité de ses fruits.

M. le comte de Montalembert appartenait à une ancienne famille de l'Angoumois, dont l'origine remonte jusqu'au treizième siècle, famille qui a illustré la France par des talents héréditaires et de nombreux services. Les différents chefs de cette noble race se distinguèrent principalement dans la carrière des armes. Ils furent souvent en rapport avec la cour et rendirent des services éminents à leur Roi, à leur patrie, par leur bravoure et leurs sciences positives. Cette famille, profondément aristocratique, attachait une grande importance aux traditions du passé, aux droits et aux priviléges de la noblesse. Chose étrange! elle était également passionnée pour les idées d'indépendance et de liberté.

Marc-René-Anne-Marie comte de Montalembert, père du célèbre orateur, fidèle aux traditions libérales de sa maison, adopta les idées et les principes de Révolution, qui entraînait alors tous les esprits; mais il en repoussa les excès, les crimes, l'impiété. Emigré, il entra au service de l'Angleterre, se distingua dans quelques expéditions en Egypte et aux Indes-Orientales. En 1814, il rentra en France avec les Bourbons, devint chevalier de Saint-Louis, adopta la carrière diplomatique, fut successivement ambassadeur à Stuttgard et à Stokholm et, plus tard, pair de France. Il avait épousé, pendant son séjour en Angleterre, Elise Forbes, d'une grande famille écossaise. Ce fut de cette union que naquit, à Londres, en 1840, Charles Forbes, comte de Montalembert, dont la destinée devait être si féconde en nobles travaux.

Ce fut sur cette terre classique de la liberté qu'il éprouva les premières joies de l'enfance, se livra à ses premières études, ressentit les premières sensations de la vie. Il grandit, respirant cette atmosphère d'indépendance qui constitue la vie intime de l'Angleterre; il entendit retentir, pour ainsi dire, autour de son berceau, comme un écho lointain de la lutte gigantesque du peuple anglais contre Napoléon, qui poursuivait de son génie victorieux cette fière nation trop ennemie de la France et la forçait de défendre vaillamment son indépendance et son honneur. Nul doute que l'âme enfantine du jeune Montalembert ne se soit imprégnée de l'amour de la liberté au foyer domestique, ainsi que sur les bancs des colléges anglais, où il puisa les premiers éléments de la science, sans jamais laisser ternir la limpidité de son cœur, ni altérer la pureté de sa foi catholique au milieu des adeptes d'une religion différente et ennemie.

Les grandes âmes sont rares parce qu'il en est peu qui possèdent tous les éléments dont se compose la véritable grandeur. Les unes s'élancent vers l'idéal, emportées sur les ailes d'or d'une brillante imagination ; mais trop souvent elles perdent, en redescendant sur la terre, la raison pratique des choses de la vie. D'autres, au contraire, terrestres et positives, s'endorment calmes et heureuses au sein de l'inaction spirituelle ; rivées aux affections ou aux nécessités de ce monde, elles ne gravitent jamais vers les sphères supérieures ; étrangères aux ravissantes beautés de l'art, impuissantes à saisir, à comprendre le rayonnement des âmes et les splendeurs de la nature, elles pourront connaître Dieu !... et ne sauront jamais l'aimer.

L'âme d'élite, au contraire, vit de toutes les vies, aime de toutes les puissances de l'affection, saisit, connaît, comprend par toutes les issues de l'intelligence : elle aime à s'élancer à la conquête de Dieu et se perd victorieusement dans les sublimes hauteurs de la métaphysique chrétienne. En même temps, elle compte avec admiration et amour les pétales odorantes de la petite fleur cachée sous l'herbe ; elle étudie avec intérêt le petit insecte emprisonné dans son armure dorée ; elle s'enivre du spectacle majestueux des montagnes dont les sommets se perdent dans les nues, et s'incline avec respect devant les chefs-d'œuvre de l'art sculptés dans la pierre, le marbre ou l'airain par la main du génie... Elle étudie surtout avec passion les opérations intérieures de l'esprit humain ; et, toujours vibrante, écoute avec ardeur jusqu'au battement le plus insignifiant de tout cœur qui palpite des émotions de l'honneur, de la gloire et de l'amour !

Telle fut la riche nature de Montalembert.

A mesure qu'elle se développait par l'âge et par l'étude, il était facile de prévoir aux premières paroles sorties de ses lèvres, aux premières affections de son cœur, aux premiers tressaillements de son âme, que ce jeune homme se distinguerait dans le monde par ses vertus et ses talents.

Il sut reconnaître, approfondir toutes les grandeurs. Élevé jusqu'aux plus hautes cimes de l'idéal, si, quelquefois, il fut entraîné par la fougue de son imagination de feu en dehors de la réalité pratique, il y fut bientôt ramené par sa haute raison, par la lucidité de sa conscience, par l'orthodoxie de sa foi. Il fut artiste ; l'amour du beau est une des conditions essentielles de la noblesse et de la supériorité de l'âme ; la passion artistique ne l'entraîna jamais vers le culte d'une beauté éclose au souffle d'une légèreté vulgaire, ou d'un paganisme corrupteur. Il étudia au contraire l'art dans les temps où le christianisme en inspirait les splendeurs, il scruta les ténèbres du moyen âge, et en fit apprécier, dans une de ses premières publications, les admirables travaux trop oubliés d'une société dédaigneuse des merveilles du passé.

Le premier cri de cette belle âme fut : Dieu et Liberté ! Il fut fidèle à cette noble devise jusqu'à son dernier jour : ces deux idées creusèrent deux sillons parallèles et profonds dans le vaste champ de sa laborieuse existence ; elles expliquent les grandes divergences d'opinions, qui se produisirent dès le début relativement aux doctrines, aux sentiments, aux actions de Montalembert.

Il existe dans tout homme de génie qui commence de briller sur la scène du monde, comme une certaine originalité qui passe aux yeux des uns pour de l'extravagance ou de la folie, aux yeux des autres pour de la suffisance ou de l'orgueil. La société ne délivre pas du premier coup le brevet de grand homme : pour arriver à se faire accepter par ses semblables, et surtout à capter leur admiration, il faut que l'homme de talent remporte de nombreuses victoires, et qu'il impose, pour ainsi dire, son génie par droit de conquête.

Pour Montalembert, le triomphe ne se fit pas longtemps attendre : ses idées neuves et brillantes, son éloquence entraînante et passionnée, l'élevèrent aussitôt à des hauteurs dont il n'est plus descendu. Ces succès rapides et nombreux l'entraînèrent peut-être trop facilement sur la route des illusions qu'éprouvent toujours les princes de la pensée lorsqu'ils sont arrivés à remuer de bonne heure les fibres du cœur humain. Comme tous les esprits ardents, vigoureux, convaincus, qui voudraient pouvoir enchaîner le monde entier à leur suite, Montalembert ressentit d'amères désillusions, éprouva de cruelles déceptions. Il y était d'ailleurs prédisposé par un fond de mélancolie qu'il n'est pas rare de rencontrer chez les hommes supérieurs qui planent au-dessus des horizons vulgaires de la vie. Dans ces moments de tristesse et de découragement, Montalembert se repliait sur lui-même ; il allait demander à la solitude, aux travaux littéraires, aux affections domestiques le calme et l'espérance. Il avait épousé à l'âge de trente-trois ans Mlle de Mérode, sœur de Mgr de Mérode, ministre des armes de Pie IX. Il rencontra dans cette union tout le bonheur intime qu'un noble cœur et un catholique sérieux peuvent espérer dans l'accomplissement des devoirs qu'impose le mariage chrétien à deux âmes qui vibrent à l'unisson sous le regard de Dieu.

Ces détails biographiques paraîtront légitimes, mais suffisants pour donner une idée exacte de la nature d'élite de Montalembert. Ajoutez à cela une physionomie distinguée, un regard pénétrant et affectueux, des manières profondément aristocratiques, et la courtoisie d'un gentilhomme.

Ces grandes qualités brilleront, du reste, dans la suite de cet éloge, en étudiant ce grand homme comme catholique militant, comme orateur et comme écrivain.

La vie militante et publique de Montalembert s'ouvre dans les premiers mois qui suivirent la révolution de 1830. Montalembert est jeune, ardent ; il n'a que vingt ans, mais il porte au-dedans de lui-même deux amours, ou plutôt deux passions : la passion du catholicisme et celle de la liberté. Il vient de quitter l'Irlande ; il a visité, entretenu O'Connell, le grand agitateur religieux, le libérateur des catholiques de cette noble région toujours fidèle à la foi de ses aïeux. Electrisé au contact de ce grand homme, impatient de se signaler dans la lutte engagée entre l'Eglise et la Révolution, il comprime avec peine les sentiments généreux qui s'élèvent dans son cœur. Rentré en France au bruit de la catastrophe qui avait renversé la Monarchie, il arrive à Paris encore imprégné de l'odeur du sang, encore rempli de la fumée de la poudre. Sur ce sol encore frémissant, il entendit bientôt retentir, de toute part, d'immenses acclamations populaires en faveur de la liberté; sa grande âme s'ouvrit à l'espérance. Il crut que l'heure avait sonné où la France allait enfin jouir de cette liberté vraie, noble, grande, universelle, de cette liberté qui n'admet aucune exclusion, qui plane, sans abaissement, dans les hautes sphères du droit et du devoir, et se rallia sans arrière-pensée au nouvel ordre de choses, le considérant comme le point de départ d'une ère nouvelle d'indépendance absolue en faveur des convictions les plus sacrées de la conscience et de l'esprit.

Témoin de ces grandes agitations, Montalembert connaissait trop bien l'influence des préjugés qui grandissent toujours dans les commotions populaires, pour ne pas concevoir dans son cœur catholique de profondes tristesses et de sérieuses appréhensions. Il mesura d'un coup d'œil rapide et intelligent les dangers que la récente catastrophe allait multiplier sous les pas de l'Eglise en France; il se souvint avec anxiété des liens étroits qui attachaient la Religion au pouvoir déchu, il redouta cette solidarité que les ennemis du catholicisme allaient exploiter contre sa liberté d'action ; il vit le clergé naguère soutien du trône, poursuivi, soupçonné, obligé de renoncer aux signes extérieurs du sacerdoce ; alors une immense douleur s'empara de son âme au souvenir de l'indépendance religieuse des siècles passés, et se crut appelé à réconcilier l'Eglise avec la liberté moderne, en lui montrant un nouvel avenir.

Ce fut au milieu de ces graves circonstances, de ces étonnantes perplexités, de ces émotions intérieures, au milieu de l'effervescence de toutes les passions qui s'agitaient en lui, que Montalembert rencontra deux hommes de génie qui brûlaient des mêmes ardeurs : l'abbé de Lamennais et l'abbé Lacordaire !

Ces trois hommes, dont l'un avait, suivant le mot de Léon XII, de l'hérésiarque sur son front, alors dans toute la puissance du talent, subirent la fascination magique de ce mot avenir qui séduit toujours les âmes ardentes à leur entrée dans la vie. L'avenir ! c'est l'immensité de l'inconnu, c'est la gloire, ce sont les acclamations de l'humanité ! c'est le triomphe d'une idée, d'une création grandiose ! L'avenir, c'est la reconnaissance des peuples ; c'est l'immortalité !

Pour ces trois hommes, il n'existait qu'un seul avenir : l'avenir de l'Eglise !

Dominés par cette forte et généreuse pensée, ils oublièrent peut-être la condition essentielle de l'Eglise qui est l'éternité ; et se crurent appelés à régénérer le catholicisme, en lui assignant sa vraie place au milieu des institutions modernes. Pour atteindre ce but, ils fondèrent le journal l'*Avenir*, lequel prit pour devise : Dieu et liberté. La destinée de cette publication est restée légendaire ; tous les jours ses colonnes brûlantes jetaient aux quatre vents de la France et de l'Europe étonnée des accents inconnus de piété catholique et d'indépendance absolue.

Sans doute, les rédacteurs de l'*Avenir* dépassèrent le but ; entraînés par l'ardeur de leurs convictions, ils ne comprirent pas que l'Eglise obtient ses triomphes à travers les siècles, avec calme et sérénité ; elle attend le jour et l'heure et n'oublie jamais qu'elle grandit par l'humiliation et le martyre. Montalembert et Lacordaire surent imposer un frein à leurs sentiments exagérés ; ils écoutèrent avec docilité la voix du pontife romain, abandonnant, le cœur brisé, mais sans hésitation ni faiblesse, le sombre génie du libéralisme religieux à son orgueil et à ses erreurs.

De cette époque date la grande amitié qui unit jusqu'à la mort ces deux illustres orateurs ; amitié sublime qui, pendant trente années, devint le foyer des grandes pensées, des dévoûments héroïques et des manifestations du génie ! Montalembert et Lacordaire vécurent de la même vie, ressentirent les mêmes émotions, aimèrent d'un seul et même cœur : en eux, même amour de la France, de la liberté ; en eux, énergie identique, éloquence magnifique et puissante. Autour de leur nom, même enthousiasme, mêmes acclamations. A ces deux illustres amis la gloire d'avoir jeté sur le sol français les premières et brillantes semences de la régénération catholique : le P. Lacordaire, en montrant à la société moderne les vertus et le costume des ordres religieux ; Montalembert, en dotant sa patrie de cette liberté d'enseignement qui a rouvert l'horizon chrétien à la jeunesse contemporaine. Oui ! le catholicisme avait subi une réelle servitude sous le despotisme royal de Louis XIV ; il avait été amoindri par les débauches de Louis XV, l'ironie des philosophes, la légèreté des gallicans : il aurait perdu son influence en France après les catastrophes successives qui ont désolé ce noble pays, si, une pléiade d'hommes de génie, en tête de laquelle brillent Montalembert, Lacordaire, Ozanam, ne s'était levée pour combattre en sa faveur. Forts et courageux, ils se lancèrent dans l'arène et surent, par leurs vertus, leur éloquence, leur hardiesse religieuse, imposer à une génération sceptique le respect, sinon la pratique de la religion du Christ. Montalembert et Lacordaire ne se sont jamais séparés; ils ont accompli leur destinée sur le cœur l'un de l'autre; leurs noms illustres, associés dans les mêmes luttes, ont rayonné d'une gloire identique ; ils rayonnent encore de la même immortalité !

En même temps que le journal l'*Avenir* demandait à grands cris la liberté de l'Eglise et sa séparation absolue de l'Etat, Montalembert et Lacordaire voulurent se lancer sans délai dans le domaine de l'action. Ennemis du monopole universitaire, ils résolurent de commencer les hostilités, et fondèrent à Paris une école libre malgré la sévérité de la législation alors en vigueur ; cette acte d'indépendance donna lieu à un procès célèbre où Mantalembert obtint son premier triomphe oratoire (il en sera parlé plus loin), se posa comme l'adversaire de l'Université, et s'engagea définitivement dans une lutte qui a duré vingt ans pour aboutir au vote de la loi sur l'enseignement secondaire le 15 mars 1850.

Cette lutte fameuse est sans contredit le point culminant de la carrière militante de Montalembert, elle a inspiré ses plus beaux discours, elle est l'apogée de sa puissance d'action ; aussi est-il indispensable de s'y arrêter et de l'étudier avec le soin et les développements que demande une aussi importante question.

Nous abordons, en ce moment, l'époque la plus solennelle de la carrière de l'illustre orateur !

Dégager cette grande question des préjugés qui peuvent la dénaturer ou l'obscurcir, des susceptibilités qu'elle peut froisser, des ressentiments qu'elle peut réveiller, à l'effet de faire apparaître en dehors de ces nuages la figure de Montalembert pure et lumineuse, devient, vu l'état actuel des esprits, une tâche ardue, difficile, profondément délicate pour l'écrivain qui veut demeurer impartial, et s'établir solidement dans les limites justes, raisonnables d'une appréciation désintéressée, sans toutefois sacrifier aucun des droits imprescriptibles de la vérité.

Il est impossible, il serait hors de propos de tracer en ce moment, même en abrégé, l'histoire de l'Université de France et des anciennes Universités françaises. Mais il importe de signaler quels changements la Révolution avait nécessairement apportés dans la constitution intime et dans l'esprit du corps enseignant lorsqu'il se releva de ses ruines après la tourmente révolutionnaire.

C'est ici le point vraiment sérieux de cette question qui a produit de si longs débats, de si virulentes controverses précisément parce qu'on n'a pas assez tenu compte de la grande différence des temps et de la situation respective de l'Eglise et de l'enseignement public pendant les siècles qui ont précédé la Révolution, et depuis son accomplissement.

L'Université de France fut une création grandiose de Napoléon Ier qui lui donna son existence officielle le 10 mai 1806. Ce grand homme, plus admirable encore comme organisateur que comme conquérant, voulut rendre la science, les lettres, l'instruction publique à la société française, comme il lui avait rendu sa religion, sa magistrature, ses lois, et le fonctionnement régulier de ses institutions.

L'Université de France était loin, toutefois, d'être une production nouvelle, spontanée du génie de Napoléon ; elle avait derrière elle d'illustres devancières, ancêtres glorieuses, qui pendant une longue suite de siècles avaient, sans interruption, répandu la lumière sur le sol national.

Les anciennes Universités françaises, l'Université de Paris qui portait le titre splendide de fille du Roi, avaient pris naissance au moyen âge, époque de Foi, et par suite de soumission complète à l'Eglise dont l'autorité spirituelle dirigeait les peuples et les gouvernements, parce que le catholicisme était accepté comme vérité. Placées à côté du trône dont elles demeurèrent l'honneur et le soutien, elles se distinguèrent par d'illustres savants et surent maintenir, avec leur propre indépendance, la tradition des libertés nationales, sans altérer la soumission due au chef de l'Eglise et à la Royauté.

Les plus grandes villes de France possédaient des Universités; elles étaient libres, indépendantes les unes des autres, souvent enrichies de priviléges, et se trouvaient placées sous la surveillance des papes et des souverains.

Après la Révolution, Napoléon voulut concentrer dans ses mains, sous l'autorité et le contrôle de l'Etat, toutes les branches des services publics; sur les ruines des anciennes Universités, il fonda l'Université de France, qui devint une administration publique, officielle, de l'enseignement général. Cette Université dut, par le fait de son origine, s'inspirer nécessairement des doctrines de l'Etat, comme les anciennes Universités s'étaient inspirées de l'idée catholique. De là la différence des situations.

Il ne faut pas oublier, surtout, que l'Eglise, depuis son apparition dans le monde, s'est constamment intitulée la vérité religieuse à l'exclusion de toute autre religion, secte, doctrine ou philosophie. Toutefois, elle ne prend pas la responsabilité de cet exclusivisme doctrinal; elle affirme, elle prouve qu'elle a reçu la mission divine d'enseigner tous les peuples; elle déclare hautement à l'esprit humain qu'il ne doit plus désormais s'élancer à la conquête de la vérité en dehors de son action tutélaire: car cette vérité! c'est elle, l'Eglise, l'épouse de Jésus-Christ, qui la possède forte, imposante, revêtue de caractères divins.

Telle fut l'action des Universités pendant plusieurs siècles, action qui consista à sauvegarder les droits de la science sans compromettre les droits encore plus sacrés de la vérité religieuse. Ces corporations célèbres enseignèrent à leurs disciples les lettres, les sciences en rapport avec leur époque, avec la civilisation contemporaine, mais sans jamais cesser de les abriter sous le patronage des grandes vérités contenues dans le symbole catholique, objet constant de leur vénération et de leur amour.

Au seizième siècle, la réforme vint inaugurer le règne du libre examen. La foi ancienne fut dépossédée du trône qu'elle avait occupé depuis la chute de l'idolâtrie, et l'humanité rejetée en arrière de quarante siècles, se trouva de nouveau lancée, sans guide et sans flambeau, sur la route périlleuse de l'inconnu.

Bientôt la philosophie voulut recommencer *seule* les grandes recherches des anciens jours. Il devint de mode, dans les travaux sérieux de la pensée, de ne plus tenir compte des vérités révélées et de marcher à la conquête de la vérité en dehors de l'autorité de l'Eglise, en dehors des progrès immenses que le christianisme avait réalisés.

La philosophie du dix-huitième siècle devint l'apogée de cette révolte universelle contre la foi traditionnelle de la nation française, révolte qui produisit, par l'influence des encyclopédistes, de Voltaire et de Rousseau, les effroyables catastrophes de la Révolution.

Après la tempête, la France se releva de ses ruines; mais l'esprit humain avait marché à pas de géant dans la carrière philosophique et raisonneuse, les idées d'indépendance avaient grandi : la philosophie recevait de toute part des hommages unanimes et enthousiastes; c'était elle qui avait, disait-on, émancipé les esprits, fondé une société nouvelle, ouvert des horizons immenses et inconnus; c'était la philosophie qui avait établi le dogme de la souveraineté populaire, en opposition aux prétentions théocratiques du droit divin ; quant à l'antique foi chrétienne, elle était appelée fanatisme, superstition.

Ce fut au sein de cette atmosphère de philosophisme frondeur et d'indépendance religieuse que s'éleva l'Université. Elle prit sa place au milieu des institutions nouvelles, ayant pour mission de défendre l'Etat, qui lui avait donné le jour, dont elle tenait sa puissance, par un enseignement conforme au nouveau droit public français.

En même temps, l'Eglise sortait majestueusement des catacombes où elle avait abrité sa foi, son culte et son Dieu pendant la période révolutionnaire ; rien n'était changé dans ses dogmes, dans sa morale, dans sa liturgie ; elle n'entendait sacrifier aucun de ses droits ; elle voulait accomplir tous ses devoirs, et, dans aucun cas, n'entendait pactiser avec aucune des doctrines produites par la philosophie.

De ces considérations fondamentales, il résulte évidemment qu'une lutte sérieuse devait s'engager tôt ou tard entre l'Eglise et l'Université.

La première voulut rester fidèle à sa mission, fidèle au salut des âmes. Par une conséquence naturelle, elle dut s'élever contre le monopole universitaire qui emprisonnait la jeunesse dans les liens d'un enseignement dont la base n'était pas le principe chrétien ; l'Université, au contraire, se voyant menacée, résistait énergiquement aux prétentions du clergé, qualifiées d'envahissement et d'usurpation. Accorder la liberté d'enseignement c'était, disait-on, placer la jeunesse sous l'influence de la révélation catholique; en l'arrachant à la domination de la philosophie, c'était ébranler les théories modernes sur l'origine du pouvoir, c'était recommencer le passé, relever ce que l'on avait détruit, faire revivre les ordres religieux, ressusciter la puissance ecclésiastique, c'était bouleverser le nouveau droit public.

Tel fut le secret de la lutte qui s'engagea entre l'Eglise et l'Université, lutte à laquelle un pair de France, M. le baron de Brigode, donna sa vraie signification dans la séance du 25 avril 1844, en disant : « Cette question a pris le caractère d'une » lutte entre l'esprit philosophique et l'esprit re- » ligieux! »

Maintenant, l'Université de France a-t-elle vraiment conçu le projet de corrompre l'esprit et le cœur de la jeunesse française? A-t-elle voulu l'arracher à l'antique foi de ses ancêtres? A-t-elle voulu lui faire renier son Dieu? L'affirmer, serait une injurieuse exagération! Au plus fort du combat, alors que ses adversaires lui portaient les plus rudes coups, lorsque Montalembert faisait retentir la tribune des foudres de son éloquence passionnée, lorsque les mandements de nos évêques la citaient à la barre de l'opinion, que répondait l'Université par ses organes les plus illustres et les plus autorisés, MM. de Salvandy, Cousin, Villemain? Elle répondait qu'elle était profondément étonnée de la violence et du nombre de ces attaques; elle protestait contre les accusations de corruption et d'impiété; elle affirmait un profond respect pour la religion et le sacerdoce; elle rappelait avec quelle sollicitude l'instruction religieuse était répandue dans ses colléges par le ministère d'aumôniers pieux et savants, et disait bien haut que nulle entrave n'était apportée, à l'égard de ses élèves, à l'accomplissement des devoirs qu'impose le catholicisme.

Eh bien! il faut le reconnaître, l'Université, en se défendant ainsi, était dans la bonne foi! Elle n'avait pas conscience des germes de mort qu'elle déposait dans les membres du corps social, et n'avait pas le sentiment des droits sacrés qu'elle violait. Dominée par l'idée philosophique moderne, elle subissait, à son insu, l'influence malheureuse et délétère de ces principes dissolvants, dont le venin corrosif a été si habilement dissimulé depuis près d'un siècle, sous les grands mots de progrès, de civilisation et de liberté.

C'est à ce moment que le comte de Montalembert va entrer en ligne et se placer à la tête des adversaires de l'Université.

Sainte-Beuve a dit qu'il avait voué à l'Université la haine d'Annibal et qu'il avait retourné le mot si connu de Voltaire : Ecrasons l'infâme !

Il est impossible d'admettre une pareille opinion.

Sans doute, l'Université devint le point de mire des attaques du grand orateur, il mit en usage contre son monopole et son influence tout ce que Dieu lui avait donné d'énergie, de puissance, de talent ; mais il n'y eut dans son cœur ni haine, ni mépris.

Que voulut Montalembert ?

Il voulut contrebalancer l'action universitaire par une concurrence loyale, savante, patriotique de l'action catholique. Il voulut briser les chaînes qui faisaient de tous les pères de famille autant d'esclaves infailliblement liés à un système d'éducation imposé par la loi. Il poursuivit ce but pendant vingt ans avec énergie. persévérance, ne laissant à son adversaire ni trêve, ni merci. En accomplissant cette tâche difficile, il entendit bien faire acte de haut patriotisme; jamais il n'eut l'intention d'aliéner à la France, à ses institutions libérales le cœur de ses enfants. Il voulut former des citoyens sérieusement catholiques, parce qu'il savait que les catholiques consciencieux deviennent des soldats fidèles et courageux, des hommes d'étude, des magistrats intègres, des cœurs dévoués. Sans doute, dans l'ardeur de la lutte, il dépassa quelquefois, dans la forme, les justes bornes d'une sage modération et se laissa entraîner à quelques appréciations exagérées; il est impossible de lui en vouloir; il rendit à sa patrie, en combattant pour la liberté d'enseignement, un de ces services immenses dont les générations de l'avenir lui seront reconnaissantes. Il rouvrit la porte par où Dieu est rentré dans la société française et gagna la noble cause de la sainte faiblesse de l'Eglise, comme il le dit lui-même, au milieu des orages.

Cette lutte gigantesque apprit à la France qu'elle possédait un orateur de premier ordre, digne de marcher dans les rangs de ses plus illustres célébrités. Notre noble pays se passionne facilement pour ces grandes voix qui s'élèvent dans les Assemblées parlementaires pour défendre sa dignité, ses droits, sa liberté. Il aime à écouter cette harmonieuse langue française dont le mécanisme sonore semble avoir été créé pour exprimer les grandes pensées, surtout lorsqu'elle est mise au service de l'honneur national.

Voilà pourquoi la nation tout entière tressaillait aux accents si nouveaux de la parole vibrante de Montalembert ; voilà pourquoi elle a placé sur son front la couronne qui distingue les grands orateurs.

L'orateur, qui est vraiment digne de ce nom, est celui qui possède la faculté magique de saisir, d'émouvoir, d'entraîner ses auditeurs. La puissance de l'orateur est immense, incalculable ; sa parole est un levier formidable qui soulève les peuples et provoque les grandes et généreuses résolutions. L'orateur exerce sa puissance de deux manières : par la force du raisonnement, c'est-à-dire d'une dialectique juste, savante, précise, et par le mouvement oratoire. Ces deux moyens doivent s'équilibrer mutuellement, ne pas empiéter l'un sur l'autre afin de captiver l'intelligence, tout en faisant vibrer la sensibilité des auditeurs.

Mais la grande puissance de l'orateur, c'est l'action. L'action ! c'est-à-dire le regard fascinateur, la majesté, l'harmonie de la voix, le geste expressif et naturel, en un mot, la manifestation extérieure des sentiments intimes de son cœur.

Montalembert possédait ces qualités essentielles. Il avait la voix, la chaleur, le naturel. Il arrivait au mouvement oratoire comme par degrés; on sentait son âme s'enflammer par la force de la vérité qu'il voulait démontrer ; la dialectique le conduisait à la passion ; alors sortaient de ses lèvres des éclairs étincelants ; il produisait des mouvements inattendus, de brillantes antithèses qui subjuguaient l'auditeur et provoquaient les applaudissements. En l'écoutant, on reconnaissait l'apôtre, l'amant de la vérité, l'admirateur de la beauté, le soldat de la liberté ; son éloquence, on l'a dit avec raison, participait à l'onction de la chaire et à la fougue de l'éloquence politique. Il défendit de cette belle parole toutes les causes religieuses contemporaines et sut trouver, pour chacune d'elles, des accents sublimes qui firent briller d'un nouvel éclat les richesses de notre idiome national.

Analyser toutes les beautés de ces grands monuments d'éloquence serait long et presque impossible ; il suffira de choisir dans ce merveilleux écrin quelques-uns des joyaux les plus étincelants.

Montalembert inaugura sa noble carrière en 1831, à l'occasion du célèbre procès qui lui fut intenté, ainsi qu'à l'abbé Lacordaire et à M. de Coux, pour le fait d'avoir ouvert collectivement une école libre, contrairement au décret du 15 octobre 1811. Elevé à la pairie par suite du décès de son père, il réclama la haute juridiction de la cour des pairs et l'obtint. Les débats de cette affaire, qui eut à cette époque un immense retentissement, s'ouvrirent le 19 septembre 1831. Montalembert était alors âgé de vingt-deux ans.

Ce fut devant cette imposante assemblée que le jeune pair de France fit entendre, pour la première fois, son éloquente parole. Il le fit avec modestie d'abord, avec assurance ensuite, enfin avec toute la magnificence d'une inspiration puisée aux sources les plus pures des idées de religion et de vertu.

Avec quelle noble fierté il s'écriait : « Pour m'en-
» courager, il ne faut rien moins que la pensée de
» la grande cause dont je suis ici l'humble défen-
» seur... et par dessus tout le nom que je porte, ce
» nom qui est grand comme le monde, le nom de
» catholique. » Avec quelle franchise sereine il
témoignait hautement de sa foi : « Mais il y a encore
» dans le monde quelque chose qu'on appelle la
» foi; c'est à elle que j'ai donné de bonne heure
» mon cœur et ma vie... » Enfin, il terminait son
discours par cette belle pensée : « Je recommande à
» Dieu le succès de ma cause, de ma glorieuse et
» sainte cause; je la dis glorieuse, car elle est celle
» de mon pays; je l'appelle sainte, car elle est
» celle de mon Dieu. » Ce discours causa un étonnement général, et produisit une profonde sen-
sation. Ah! il y avait du courage et de l'honneur
dans cette jeune âme, à venir, au lendemain d'une
révolution au moins dédaigneuse de l'idée religieuse, affirmer hautement la foi de son enfance et
rendre témoignage à la vérité catholique, en présence d'une génération qui avait raillé avec orgueil,
depuis un demi-siècle, toutes les grandeurs, tous
les droits, toutes les vertus du christianisme! Il y
avait du courage, presque de la témérité, à venir
réclamer la liberté de la science au nom d'une
religion que la philosophie moderne avait accusée
de favoriser le despotisme et de préconiser l'ignorance! Montalembert parla avec grandeur, avec
noblesse, avec passion. Sans doute, il aura dans
l'avenir des paroles plus profondes, plus réfléchies,
empreintes d'une plus grande maturité; nulle part
il ne rencontrera des accents plus sympathiques et

plus ardents. Son discours *ruisselle* de toutes les émotions, de l'émotion de la jeunesse, de l'émotion de la pureté, de l'émotion de la foi !

Dès lors, l'idée catholique, dégagée des ombres dont l'avaient obscurcie les principes et les événements de la Révolution, commença à rayonner librement au ciel de la France. Le pouvoir qui voyait monter, grandir le flot religieux, assis d'ailleurs lui-même sur un sable mouvant, en conçut de profondes inquiétudes. Il était manifeste que le catholicisme voulait respirer librement ; il repoussait hautement ses anciennes servitudes ; il réclamait la liberté de la parole, de l'enseignement, de l'association. Par ces prétentions librement affirmées, le clergé provoquait bien davantage les méfiances et souvent les sévérités du gouvernement. Alors s'élevaient au sein des deux Chambres de terribles orages ; les représentants et les défenseurs du droit public contemporain dénonçaient avec hauteur et amertume ce que l'on appelait l'insurrection cléricale ; l'Eglise répondait sans peur ni faiblesse et suscitait dans les Assemblées et dans le pays d'intrépides défenseurs qui se signalaient par leur talent et surtout leur énergie.

Montalembert se tenait constamment aux avantpostes de l'armée qui combattait pour les droits de l'Eglise. Il était devenu le chef de ce parti que l'on a appelé le parti catholique : expression erronée ! Le catholicisme ne peut jamais, quelle que soit sa situation, constituer un parti.

L'année 1844 fut féconde en secousses religieuses, en luttes parlementaires. Montalembert est alors dans la plénitude de la force et du talent. Son élo-

3

quence grandit, s'élève toujours à la hauteur des circonstances et des événements. Sans cesse sur la brèche, il domine la position et ne laisse passer aucune occasion de se signaler. Le 16 avril de cette année mémorable, il monte à la tribune pour venger l'épiscopat français d'accusations nombreuses et réitérées d'intolérance et d'empiétements. Il rappelle d'abord avec calme dans quelles circonstances les évêques ont cru devoir élever la voix. Il s'étonne de la multiplicité des attaques contre le clergé : il demande avec fermeté si les fonctions de l'épiscopat et du sacerdoce doivent engendrer le mutisme et la servilité ; il insiste avec animation sur les droits des évêques. Si le roi les désigne et les choisit, ce n'est pas de lui qu'ils tiennent leurs pouvoirs.

Il est facile de comprendre combien ces théories courageuses devaient exciter les passions et provoquer les murmures dans le camp opposé. L'orateur savait les dominer. Il répondait par des réparties énergiques, vives, spirituelles, aux interruptions qui venaient l'assaillir. Rappelant ce mot si sévère d'un membre du gouvernement : « Soyez implacables et inflexibles », il s'écriait avec chaleur : « Sa-
» vez-vous ce qu'il y a de plus inflexible au
» monde ? C'est la conscience d'un chrétien. » Ce magnifique discours se terminait par une intrépide affirmation. « Au milieu d'un peuple libre, nous
» ne voulons pas être des ilotes, nous sommes les
» successeurs des martyrs, nous ne tremblerons
» pas devant les successeurs de Julien l'Apostat ;
» nous sommes les fils des Croisés ; nous ne reculerons pas devant les fils de Voltaire. »

Le 26 avril suivant, le gouvernement présentait

un projet de loi sur l'instruction secondaire ; ce fut pour Montalembert l'occasion d'un nouveau triomphe oratoire. Son discours est l'un des plus virulents qu'il ait prononcés. Avec quelle fierté spirituelle il repousse le reproche que lui avait adressé le Ministre de l'instruction publique d'avoir parlé dans la séance du 16 avec la vivacité d'un jeune homme. « Il y a une autre jeunesse dont je ne me
» défends pas, c'est la jeunesse du cœur et du cou-
» rage qu'on puise dans la foi des choses qui ne
» vieillissent pas, parce qu'elles sont immortelles. »
Ensuite, il traçait un tableau saisissant de la situation morale et religieuse de la jeunesse française et lançait de fougueuses apostrophes contre le ministère et l'Université. « Vous êtes les seuls maîtres,
» et cependant vous tremblez ! Devant qui ? Devant
» nous, fanatiques et ultramontains.... Si nous ne
» sommes rien, alors, dédaignez-nous ; si nous
» sommes quelque chose, respectez-nous. » Il concluait en repoussant le projet de loi, de la triple énergie de sa conscience, de sa foi, de son patriotisme.

L'Université était aussi violente dans la défense que Montalembert l'était dans l'agression. Elle avait à sa tête des hommes de talent, d'énergie, des hommes dont les grands travaux scientifiques, historiques, littéraires sont demeurés l'honneur de la nation. Elle voyait avec effroi ce qu'elle appelait l'ultramontanisme se dresser contre les institutions consacrées par la Charte, et redoutait surtout le retour et l'influence des ordres religieux enseignants, et en particulier des Jésuites, le grand épouvantail de la société moderne. Le 15 juillet 1845,

Montalembert sut trouver dans son cœur des élans profondément sympathiques pour la défense des ordres religieux, et pour venger la célèbre compagnie dont le grand crime est de constituer la garde d'honneur du siége apostolique, ne voulant ni trahir ni abandonner des hommes dont le malheur lui était sacré. Son éloquence ne remporta pas la victoire; elle ne devait être complète qu'après une tempête formidable qu'il était déjà facile de signaler à l'horizon.

Cette tempête sociale, Montalembert devait l'annoncer avec éclat à la tribune de la Chambre des pairs le 14 janvier 1848.

On se souvient de cette ligue célèbre connue sous le nom de ligue du Sunderbund, formée le 11 septembre 1845, par les cantons catholiques de la Suisse, à l'effet de maintenir et de défendre la liberté religieuse sur le sol helvétique et de s'opposer à la tyrannie des doctrines hérétiques et radicales. La Diète somma les cantons catholiques de dissoudre cette ligue comme réactionnaire et antipatriotique. Sur leur refus, la guerre fut déclarée... L'armée de la Diète fut partout victorieuse; les cantons catholiques capitulèrent successivement; la ville de Fribourg fut prise, les Jésuites chassés, leurs élèves dispersés, nos sœurs de charité expulsées avec ignominie; les religieux du Saint-Bernard, ces héros de dévouement et d'abnégation, ne purent être protégés ni par leur solitude, ni par leurs vertus. Il n'y eut en Europe qu'un cri unanime de réprobation... Les gouvernements s'émurent; la France, travaillée par le radicalisme, hésitait....
Montalembert monte à la tribune et, devant la

Chambre des pairs, fait entendre une parole semblable au rugissement du lion. Il raconte, il flétrit, il s'indigne, il menace, il gémit, il supplie, il dénonce à toutes les âmes honnêtes les violences inouïes du radicalisme en Suisse et adjure le gouvernement de veiller, car l'incendie s'approche de la France... En l'écoutant, on frémit, on tremble, on admire... L'éloquence suit l'éloquence, le mouvement suit le mouvement; c'est un poème épique ! c'est le chant de l'indignation !! On avait osé dire que la défaite des catholiques avait été honteuse; il s'écrie d'une voix éclatante : « Oui ! la défaite a été
» honteuse ; mais savez-vous quelque chose de plus
» honteux que la défaite : c'est la victoire... Cette
» victoire qui se présentera à la postérité flanquée,
» d'une part, par une sœur de charité expulsée et
» par un moine du Saint-Bernard spolié, chassé,
» insulté par les lâches vainqueurs. »

Le lendemain, cet admirable discours était l'événement de la France entière; on en commentait avec stupeur les sinistres prophéties.

Quelques jours après, l'orage formé dans les montagnes de la Suisse éclatait sur Paris ; le trône de Juillet était brisé ; une ère nouvelle s'ouvrait pour notre patrie à la lueur des éclairs, aux éclats retentissants de la foudre.

Montalembert crut à la république, parce qu'elle n'avait ni repoussé, ni opprimé l'idée religieuse, qu'elle avait respecté le clergé et qu'elle semblait ouvrir de nouveaux horizons à la liberté. Il devint membre de l'Assemblée constituante et, plus tard, de l'Assemblée législative, où il devait remporter ses dernières victoires. Bientôt le canon de juin sonna pour cette grande âme la première heure des désillusions avec l'heure des déchéances. Montalembert, qui avait tant aimé la liberté, il l'avait appelée l'idole de sa vie, le soleil de son âme, ressentit au fond de lui-même ce doute qui est le commencement de l'infortune pour l'âme d'élite ; il craignit pour l'avenir et l'existence de cette liberté, objet constant de son amour, en mesurant l'abîme de corruption dont les plus odieuses doctrines et des crimes inouïs avaient révélé toute la profondeur.

Cependant, il ne perdit ni le courage, ni l'espérance ! La Révolution de 1848, quoique relativement modérée, avait propagé au loin les idées démagogiques les plus subversives ; elle avait affaibli le principe d'autorité, remis en question le droit public européen, et provoqué des soulèvements dans l'Europe entière.

Un homme étonnant, sublime, venait de monter sur le trône pontifical, qu'il a occupé avec tant de gloire pendant plus de trente ans de luttes, d'épreuves et de dangers. Pie IX, doué d'une âme noble, ardente, libérale, avait compris les aspirations de son siècle. Ses accents de patriotisme émurent l'Italie et l'Europe entière ; cet enthousiasme, hélas ! ne fut pas de longue durée ; le pontife romain ne put désarmer les colères démagogiques par les plus libérales concessions. Après de formidables insurrections, il fut obligé de quitter la Ville-Eternelle et de prendre le chemin de l'exil.

Un pareil événement ne pouvait trouver Montalembert insensible et silencieux. Il défendit à la tribune de l'Assemblée nationale l'indépendance du Saint-Père par de sublimes inspirations. Dès le

début, il jette des paroles sanglantes aux adversaires, aux calomniateurs du pontife romain. Il parle avec un enthousiasme filial des droits de l'Eglise; il établit, démontre, prouve avec une noble assurance qu'il est impossible d'attaquer, de contrister l'épouse du Christ, sans se rendre coupable de lâcheté, sans forfaire à l'honneur. « Quand
» un homme, dit-il, est condamné à lutter avec
» une femme, si cette femme n'est pas la dernière
» des créatures, elle peut le braver impunément.
» Frappez, vous vous déshonorerez, mais vous ne
» me vaincrez pas. Eh bien ! l'Eglise n'est pas une
» femme; elle est bien plus qu'une femme, c'est
» une mère!... » A ces mots, des applaudissements frénétiques éclatent sur tous les bancs de l'Assemblée. L'émotion fut immense, profonde, universelle... Oui! c'était une grande victoire remportée par Montalembert d'avoir salué l'Eglise catholique du nom sacré de Mère à la tribune d'une Assemblée républicaine; c'était un noble triomphe d'avoir fait sortir du fond de ces poitrines incrédules ou indifférentes d'aussi chaleureuses acclamations en faveur de l'Eglise persécutée.

Pendant ces incidents parlementaires, dont l'importance faisait grandir sans cesse sa réputation d'orateur, Montalembert ne perdait pas de vue le but qu'il poursuivait depuis longues années, c'està-dire la liberté d'enseignement. Bientôt il put voir se réaliser ses plus chères espérances. Un projet de loi fut enfin présenté sur cette importante question, sous le patronage de M. de Falloux, au mois de janvier 1850. Montalembert faisait partie de la Commission chargée d'élaborer ce projet et se trouvait associé aux noms les plus illustres : MM. Cousin, Thiers, Dupanloup, Dubois, Laurentie... Ce projet de loi qui, sans être exclusif, détruisait le monopole universitaire, fut vivement attaqué à des points de vue différents. Les uns affirmèrent de nouveau, avec force, le droit absolu de l'Etat; d'autres, c'était le grand nombre, ne voyaient dans l'adoption du projet que l'envahissement prochain du cléricalisme en France; de sorte qu'un orateur de l'opposition pouvait s'écrier avec l'autorité d'un grand nom et d'un immense talent : « C'est une pensée d'asservissement qui prend le masque de la liberté. » Cette suprême lutte fut donc violente, passionnée; elle révélait l'existence des mêmes appréhensions, des mêmes méfiances, des mêmes erreurs. Le 17 janvier, Montalembert, fort de ses convictions, profondément pénétré de son sujet, vint répondre vaillamment aux adversaires du projet. Son magnifique discours prépara le triomphe définitif. Le projet de loi, nous l'avons dit, était loin d'être exclusif. Les dangers sérieux qui menaçaient l'ordre social devaient nécessairement rapprocher des hommes autrefois adversaires et faire accepter quelques sacrifices d'amour-propre ou d'opinion. L'orateur fit ressortir avec habileté cette modération, en déclarant que l'on se contenterait d'une liberté limitée, que la loi nouvelle serait un traité de paix, et qu'après le vote, il n'y aurait ni vaincus ni vainqueurs. Mais il ne voulut pas dissimuler quelle part l'enseignement universitaire avait à revendiquer dans les craintes du présent; il le fit avec sa verve accoutumée, avec sa hardiesse intrépide, avec son admirable langage : « Sous la Res-

» tauration, l'Université a fait des libéraux ; sous la
» monarchie de Juillet, elle a fait des républicains ;
» sous la République, elle fait des socialistes....
» Chacun de ces gouvernements a élevé la généra-
» tion qui l'a renversé... On a appelé cette éducation
» l'esprit de progrès! c'est l'esprit de ruine et de
» mort. »

Tant de nobles efforts, tant de persévérance devaient être couronnés de succès! La loi sur l'enseignement fut définitivement votée quelque temps après, le 11 mars 1850.

La mission de cet homme illustre était remplie ; après vingt ans de luttes et de travaux, cet esprit supérieur avait doté son pays d'une de ses plus essentielles libertés.

Bientôt survint le coup d'État de 1851 qui vint modifier profondément les destinées de la nation française, et faire retentir comme le glas funèbre de la liberté.

Ce fut le commencement d'une phase nouvelle dans la grande existence de Montalembert ; à partir de ce moment, le grand orateur semble rentrer en lui-même... éclatant météore, il semble se perdre dans le lointain... les émotions chaleureuses de l'orateur politique allaient céder le pas aux méditations solitaires du catholique, aux travaux sérieux de l'écrivain.

Après le coup d'État, il se produisit un nouveau courant d'opinion au sein de la nation. La France condamnée à osciller perpétuellement entre le despotisme et la licence, fatiguée de révolutions, accablée de lassitude, s'était éprise d'un enthousiasme réel pour le règne du principe d'autorité. Elle se trouvait heureuse de respirer librement à l'ombre d'un pouvoir fortement autoritaire qui promettait, d'ailleurs, d'assurer l'avenir.

Le comte de Montalembert saisi, mais non abattu par la promptitude et la vivacité du coup qui avait arrêté si violemment la marche de l'esprit libéral, ne se jeta pas tout d'abord en aveugle dans les rangs de l'opposition. Sa haute raison lui démontrait qu'en présence des exagérations démagogiques, en présence des dangers sociaux, il fallait subir avec résignation le mal nécessaire d'un despotisme transitoire, afin de sauver la liberté, en la réservant pour des temps meilleurs.

Cependant son grand cœur fut blessé ! Chose étrange ! Cet homme si fortement organisé avait la nostalgie de la liberté, comme il avait la nostalgie du moyen âge. Ame mélancolique, rêveuse, il fallait toujours qu'elle s'attristât sur des ruines réelles ou imaginaires ! Montalembert était vainqueur ! Il avait fourni une carrière oratoire brillante entre toutes les carrières oratoires ; il avait, jeune encore, répandu la lumière, électrisé les âmes, provoqué le réveil de l'esprit catholique. Il avait combattu pour une liberté ; il avait obtenu, conquis cette liberté. L'enseignement était libre, libre comme il l'avait voulu ; les Ordres religieux qu'il aimait avec passion reparaissaient libres, régénérés sur le sol de la patrie ; le catholicisme s'affirmait tous les jours davantage, les solennités religieuses rivalisaient de splendeur, le Saint-Père était gardé à Rome par les soldats de la France ; eh bien ! Montalembert n'était plus heureux ! Il manquait à cette âme ardente la vie animée, fiévreuse des grandes luttes parlementaires, il lui manquait les grands assauts de la tribune, les applaudissements frénétiques, les interruptions qui provoquaient son génie.

Au milieu de ces jours d'agitations, d'angoisses et de doute, un jour de gloire se leva pour Montalembert, où il retrouva toute la liberté et toute la magnificence de sa parole, le jour de sa réception à l'Académie française, le 5 février 1852.

Sa nomination au fauteuil vacant à l'illustre Académie était un hommage rendu à son beau talent, à son noble caractère. Elle était surtout précieuse comme glorification du principe catholique, dont le nouvel académicien était le légitime représentant.

Le Discours de réception du 5 février occupe une place assez importante dans la vie littéraire de Montalembert, par le fond, par la forme et par l'époque où il fut prononcé, pour qu'il doive être signalé dans cet éloge comme gloire littéraire de son auteur.

M. de Montalembert était appelé à remplacer M. Droz, célèbre historien du règne de Louis XVI. M. Droz, doué d'une âme ardente, avait commencé par sacrifier sur l'autel de l'irréligion et de la liberté illimitée comme tous les jeunes gens de la fin du dix-septième siècle qui avaient grandi au souffle de Voltaire, et s'étaient inspirés des maximes du *Contrat social*. M. Droz, esprit rempli de franchise et de droiture, avait profondément subi l'influence des événements de la révolution ; mais il avait fini, après de nombreuses péripéties morales, par aboutir au principe chrétien. Riche de vertu, après avoir passé une vie heureuse au sein des plus douces affections, M. Droz était mort en fervent catholique, détestant les excès révolutionnaires si fatalement destructifs de la vraie liberté, avec la réputation d'un homme de bien et d'un littérateur distingué.

Raconter la vie, faire l'éloge d'un homme qui avait connu la lutte d'abord, et le triomphe ensuite devait exciter la verve, devait inspirer l'éloquence de Montalembert. Vif, spirituel, sentimental dans les détails biographiques, il passe en revue les premières années de M. Droz, dont il signale les qualités précieuses, sans en voiler ce qu'il appelle les péchés de jeunesse; il le suit pas à pas dans ses diverses situations sociales, analysant avec bonheur et impartialité ses diverses publications sur la philosophie, la morale, l'économie politique, sans oublier de faire ressortir avec délicatesse les qualités spéciales de l'auteur, sa sincérité, sa simplicité, sa modestie. Enfin, il arrive à l'œuvre la plus importante de son prédécesseur, l'histoire de Louis XVI, pendant les années où l'on aurait pu prévenir ou diriger les événements de la Révolution française.

Montalembert saisit avec empressement l'occasion naturelle et favorable d'exprimer ses sentiments intimes sur ce grand fait historique si diversement apprécié. Il approuve d'abord sans restriction la sévérité de M. Droz envers les acteurs et les actes de la révolution; ensuite, toujours discutant le travail de son prédécesseur, il prend parti lui-même, et ne craint pas de regarder en face et de condamner énergiquement les principes générateurs de ces terribles événements. Il jette l'anathème, avec fierté et tristesse à la fois, à l'Assemblée constituante de 89, dont l'aveuglement et l'orgueil inouïs détournèrent le cours naturel des aspirations de la France, qui conçut la pensée de tout détruire sans tenir compte des grandeurs et des gloires du passé, dont la prodigieuse inexpérience préféra saper les fondements de l'édifice, au lieu de le consolider et de l'embellir. Comme il gémit profondément sur les conditions déplorables que la Révolution a imposées à la liberté ! Comme il prononce avec amertume cette parole trop souvent vérifiée : « La liberté porte encore, et portera longtemps la peine de la Révolution ! »

Plus loin, il consacre quelques pages à peindre la grande figure de Mirabeau. Il montre le fougueux orateur posant lui-même les causes premières de l'écroulement général, enfin, effrayé de son œuvre, s'efforcer, mais trop tard, de sauver la Monarchie. Quel tableau saisissant ne trace-t-il pas du député révolutionnaire en présence de Marie-Antoinette ! Montalembert y dévoile toute la sensibilité, toute la noblesse, tous les sentiments exquis de son cœur. Avec quelle indignation ne condamne-t-il pas le supplice de la reine de France, crime, dit-il, que la France n'a pas expié !

Les dernières paroles de ce beau discours font apprécier la sérénité des dernières années de M. Droz. L'orateur raconte avec sympathie son retour à la pratique du catholicisme, il est heureux de lui rendre cet hommage et de faire connaître, avec une exquise délicatesse de sentiment, les opérations mystérieuses de la grâce dans l'âme de son prédécesseur. Il constate que c'est par l'amour, par les souffrances, par les larmes qu'il a pu remonter du séjour ténébreux de la philosophie vers les régions supérieures de la Foi, et montre M. Droz expirant avec calme et sérénité au milieu de sa famille, et presqu'à son insu.

On est libre, Montalembert le déclarait lui-même aux membres de l'Académie française, de ne pas adopter toutes les opinions qui sont exprimées dans son discours. On ne pourra jamais refuser une admiration légitime à l'élévation des pensées, aux beautés littéraires, à la franchise et à la loyauté des sentiments. Ce discours est une œuvre de premier ordre qui sera l'honneur de la langue française, l'honneur du corps illustre qui ouvrit ses rangs au grand citoyen, à l'orateur éloquent, aux applaudissements de la plus noble Assemblée.

Pendant les premières années de l'Empire, Montalembert, élu député au Corps législatif, faisait encore entendre sa voix pour défendre l'Eglise, pour protester contre des mesures surannées opposées à sa pleine et entière indépendance; mais cette voix n'avait plus la publicité suffisante et nécessaire pour exercer une influence sérieuse, et dominer par la force de son autorité. Bientôt il fut impossible à cette nature généreuse de pactiser même extérieurement avec les actes d'un pouvoir que réprouvait sa conscience; il rompit définitivement avec le gouvernement impérial, portant dans son âme brisée le deuil, qu'il ne devait plus quitter, du génie qui avait illuminé sa vie tout entière de ses plus doux rayons, comme la Béatrix du Dante, du génie de la liberté.

Ce grand amour de la liberté n'était pas la seule passion qui dominait Montalembert ; il y avait en lui un amour aussi ardent, aussi prononcé, du moyen âge, de toutes les institutions qu'il avait produites, dont il avait fécondé le développement; parce que, d'après ses convictions, le moyen âge était l'âge d'or de la souveraine indépendance.

Ce fut en étudiant, dès sa jeunesse, les institutions, les mœurs, les travaux artistiques du moyen âge, qu'il se trouva un jour en présence d'une vision merveilleuse dont l'incomparable beauté subjugua toutes les puissances de son âme; en présence de la chaste et délicieuse figure de sainte Elisabeth, reine de Hongrie. Montalembert, en 1833, visitait en artiste l'antique basilique de Marbourg dans la Hesse électorale, à la vue de ce sublime monument, dont la magnifique architecture avait abrité pendant plusieurs siècles les ossements vénérés de la pieuse souveraine, en parcourant ces nefs silencieuses dévastées par les luthériens, en contemplant les peintures qui retraçaient les traits principaux de la vie ou des miracles de la sainte, le pieux visiteur éprouva une immense tristesse. Il ressentit en lui-même ce vide, cette amertume, cette souffrance dont ne peut se défendre l'âme sensible en présence des ruines amoncelées par l'ingratitude ou la profanation. Sous l'influence de cette impression profonde, Montalembert résolut de faire revivre le souvenir de sainte Elisabeth en écrivant son histoire d'après les plus authentiques documents.

Les grandes pensées viennent du cœur ! le cœur, comme le style, c'est l'homme ; le cœur se retrouve surtout essentiellement dans l'appréciation des existences qui sont arrivées à quelque célébrité par le génie, la gloire, la science, surtout par la sainteté. Les âmes d'élite sont douées d'un tact particulier pour découvrir et raconter les mystères de vertu que Dieu a prodigué à certains êtres privilégiés destinés à répandre la lumière au sein de l'humanité.

En lisant ce beau livre écrit par la plume jeune encore de Montalembert, on comprend que l'auteur se trouve tout à fait placé sur son terrain de prédilection, qu'il retrouve dans son héroïne tous les sentiments qui agitent son propre cœur. Il retrace avec une tendresse inexprimable la vie de cette séraphique jeune fille élevée sous l'aile de la religion, dont l'âme de vierge posséda toutes les affections de la terre et tous les amours du ciel. Le récit se poursuit avec un charme inépuisable. Catholique, l'auteur fait étinceler les vertus surnaturelles de sainte Elisabeth; homme du monde, au cœur généreux, ardent, il trouve le moyen de rehausser avec un rare bonheur l'éclat de ses vertus domestiques, et trace de main de maître des tableaux ravissants où il offre à l'admiration du lecteur l'union merveilleuse, saisissante de l'amour conjugal élevé, purifié, ennobli, rendu pour ainsi dire céleste, avec les divines extases et les surnaturelles émotions de l'amour divin.

Toutes les circonstances de la vie de la pieuse reine empruntent un nouvel attrait au style toujours facile, simple, religieux, un peu mélancolique dans lequel elles sont racontées. Avec quelle piété ne retrace-t-il pas les premières vertus de son enfance! avec quelle sensibilité les premières affections de son chaste cœur ! avec quelle douleur n'aborde-t-il pas la période lamentable des infortunes de cette âme brisée, brisée sous le coup affreux, imprévu de la mort de son *bien aimé*, brisée par l'ingratitude de sa famille, et cependant toujours calme, résignée sous la main de Dieu ! L'auteur raconte tout; il n'oublie rien, il a tout recherché, tout vu, tout contrôlé: la vie séraphique, les austérités prodigieuses, la pauvreté sublime, la charité poussée jusqu'au paroxysme, la mort glorieuse, l'enthousiasme des peuples, les miracles nombreux. L'histoire de sainte Elisabeth est un modèle du genre ; on l'a dit avec raison: le modèle ne sera pas surpassé.

En écrivant cette admirable histoire, Montalembert a voulu certainement relever la gloire du moyen âge, surtout du treizième siècle qui en est la plus parfaite expression. Le treizième siècle est en effet pour l'historien, comme pour le catholique, une époque vraiment intéressante : elle possède une physionomie particulière, étrange même pour nos générations contemporaines. C'est le siècle d'Innocent III, l'arbitre souverain des peuples et des gouvernements, le siècle des grandes discussions théologiques, le siècle de saint Bonaventure, d'Albert le Grand et de saint Thomas d'Aquin. Montalembert avait fixé son regard jaloux sur cette société du treizième siècle tout imprégnée de l'esprit catholique, et voulut, dans sa vie de sainte Elisabeth, opposer aux dédains de notre époque froide, sceptique, orgueilleuse le tableau d'une société où la foi fécondait de sa bienfaisante chaleur les peuples, la famille et les individus. Son but a été glorieusement atteint : la lecture de ce beau livre dissipe les préventions, elle fait éprouver d'enivrantes émotions. la vérité s'insinue dans l'intelligence et l'on est étonné de la puissance de civilisation, de force, de liberté qui se dégage d'une époque que l'on a été accoutumé à flétrir. C'est ainsi que l'illustre reine de Hongrie devient pour le lecteur une fleur suave cueillie sur le sol du treizième siècle où elle avait grandi à la lumière de son soleil en communiquant à ce siècle si méconnu le reflet de sa grandeur et de son immortalité !...

Ce tableau si véridique de la société chrétienne au moyen âge, tracé en 1836, devait être le prélude d'une œuvre plus sérieuse encore, plus complète de ce grand ouvrage malheureusement resté inachevé, dont le titre s'adapte avec un vrai bonheur au génie de Montalembert : *Les Moines d'Occident.*

Ce fut en 1860 que parut le premier volume de cet ouvrage dont la riche érudition atteste des études longues, consciencieuses, et des recherches vraiment prodigieuses. Montalembert, jeté sur un point imperceptible au milieu de l'Océan, étudiait, dans la solitude momentanée que lui avait imposée la plus douce des affections, la vie de saint Bernard et l'influence que ce grand homme avait exercée sur son siècle. Il suivait, en les admirant, les grandes actions des papes, des évêques et des saints, et constatait que toutes ces grandes âmes avaient été enfantées par la vie monastique. Cette pensée le saisit! Par quels mystères d'injustice ou d'ignorance, ces hommes, ces moines jadis si nombreux, ces moines qui avaient été les dominateurs de la société, étaient-ils tombés sous le coup du mépris des générations modernes? Montalembert, avec son esprit juste, sa haute raison, ne pouvait accepter une différence si injurieuse au principe catholique. Alors il résolut d'élucider cette question, et de l'étudier sous toutes ses faces. Il voulut rechercher l'origine, constater les splendeurs, expliquer les décadences de la vie monastique. Pénétré de cette pensée, il se mit résolûment à l'œuvre, employant à ce travail qu'il chérissait les heures de loisir que lui laissait la vie publique. Il lui consacra surtout ses dernières années dont il sut adoucir l'amertume et diminuer les souffrances physiques et morales par ces fortes études devenues pour son noble cœur attristé une suprême consolation.

Il est certain que, depuis la Révolution, on avait oublié en France les ordres religieux. Si le souvenir s'en représentait quelquefois, c'était par le moyen honteux de grossières ironies, surtout par le fait d'ouvrages licencieux. L'ignorance, sur ce point, était générale, Montalembert ne s'en défend pas lui-même. La première fois, dit-il, que je vis un habit de moine, ce fut sur les planches d'un théâtre !

Ayant pour but de redresser l'opinion, l'auteur s'est efforcé de composer une apologie historique complète de la vie monastique jusqu'à l'époque de la Renaissance. Aussi s'attache-t-il judicieusement, dès le début, à établir avec clarté la définition du moine, la définition de la vie religieuse et de la vocation en les dégageant des fausses interprétations inspirées par l'ignorance ou la mauvaise foi. Le moine, c'est un homme appelé de Dieu, qui abandonne le monde pour travailler, obéir, pour se livrer entièrement à la lutte de l'esprit contre la chair, pour procurer son salut éternel. Ces principes posés, abordant le domaine historique, Montalembert démontre que des hommes ainsi appelés de Dieu, mortifiés, laborieux, ennemis des jouissances étaient devenus une indispensable nécessité pour l'Eglise au moment de la chute de l'empire romain. Montalembert, toujours ennemi des servitudes imposées à la vérité religieuse, signale, en l'exagérant peut-être, la décadence fatale de la société catholique sous les empereurs chrétiens plus hostiles à son perfectionnement que les empereurs païens. Les empereurs chrétiens s'étaient immiscés dans la direction spirituelle de l'Eglise et dans les controverses théologiques ; les hérésies avaient leurs représentants sur le trône impérial ; la vérité était opprimée par ceux-là même qui auraient dû la défendre. Pour sauver l'Eglise, s'écrie le grand historien, il fallait deux invasions: celle des Barbares et celle des Moines.

Les moines étaient disposés par la main de Dieu !

L'Orient avait vu commencer la vie monastique aux déserts de la Thébaïde. Ce furent les premières assises de l'édifice immense des ordres religieux. Plus tard, lorsque la vie cénobitique s'énerve au contact du climat corrupteur de l'Orient, on la voit germer dans les régions froides et brumeuses de l'Occident. De toute part, en Italie, en Espagne, dans les Gaules, dans la Bretagne, dans la lointaine Calédonie s'élèvent des abbayes célèbres où viennent s'abriter la sainteté, la science, les lettres antiques et la civilisation. L'auteur décrit admirablement cette génération innombrable des ordres monastiques qui s'organisent puissants, intrépides, semblables à des armées. L'armée monastique rencontra bientôt celle des Barbares. Les Barbares avaient vaincu les légions romaines ; ils furent vaincus à leur tour par l'armée des moines de l'Occident.

L'histoire de cette lutte civilisatrice conduit naturellement l'auteur en présence de la grande figure de saint Benoît, le vrai fondateur de la vie monastique. Montalembert est heureux de montrer aux ennemis de l'Eglise les constitutions granitiques enfantées dans la solitude de Subiaco par un des génies les plus profonds qui aient paru dans le monde ; il rappelle avec admiration les services immenses que la règle de saint Benoît a rendus à l'humanité, règle qui subsiste encore, vivante, féconde, sans cesser de produire des hommes de science, de sacrifice et de vertu.

Montalembert se montre d'une richesse historique prodigieuse, il abonde en appréciations remarquables par leur justesse, en aperçus splendides lorsqu'il montre la vie monastique assise sur le trône pontifical dans la personne de Grégoire le Grand, organisateur éclairé, réformateur austère, dont le génie sut arrêter et civiliser les Lombards en Italie et répandre la lumière de la vérité dans tout l'Occident. Mais il se surpasse lui-même lorsqu'il décrit les moines en contact et aux prises avec la nature physique. Avec quel admirable talent il écrit des pages ravissantes sur la vie du religieux dans la solitude! ces hommes, dit-il, on les retrouve toujours loin des villes, au milieu des forêts, dans les déserts, sur la cime escarpée des montagnes. Il faut en convenir, malgré nos préjugés et notre froid

positivisme, il existe une délicieuse poésie dans l'union des beautés de la nature, avec le costume, le travail, le recueillement des moines. Quelle harmonie profonde, vraie, saisissante entre ces deux émanations de Dieu, la nature avec toutes ses splendeurs, et le religieux avec toutes ses vertus ! Quel est l'homme d'imagination, doué d'une âme sensible, qui n'a pas contemplé avec bonheur un paysage aux sites grandioses, rendu vivant par un moine penché vers le sol qu'il creuse péniblement, ou se livrant à l'étude assis au pied d'un chêne séculaire, au milieu d'in-folio poudreux, non loin d'une église gothique dont les vitraux étincellent aux rayons du soleil couchant. Montalembert éprouvait toutes ces sensations ; il a su les exprimer avec charme, avec une délicieuse simplicité. « Les voilà,
» dit-il, ces hommes de prière qui sont devenus les
» pionniers de la civilisation chrétienne et de la
» société moderne. Ils s'enfoncent dans les ténèbres
» des forêts, apportant avec eux la lumière, lumière
» qui ne s'éteindra plus, et cette lumière gagnant
» de proche en proche va partout allumer des
» foyers qui leur serviront de phares dans le
» chemin du ciel. »

Tous ces récits surabondent de naturel, de sentiment; comme il est heureux, par exemple, de retracer la belle et légendaire existence du grand moine irlandais saint Colomban, dont le nom seul rappelle les splendeurs de la vie monastique ! Jeune, beau, ardent, il quittait sa patrie, la solitude aimée de la célèbre abbaye de Bangor, se jetait dans la Gaule, et s'enfonçait dans les montagnes des Vosges, habitant quelques châteaux romains à demi ruinés. Bientôt il attirait autour de lui de nombreux disciples passionnés comme lui pour la solitude et les austérités. Rien de plus poétique, de plus gracieux que les récits légendaires étalés par Montalembert avec une naïve profusion sous les yeux du lecteur... Les oiseaux venaient recevoir ses caresses, les écureuils descendaient du haut des sapins pour venir se jouer dans les plis de sa robe. Trois monastères célèbres, Anegrai, Luxeuil, Fontaines, s'élevèrent à la voix du religieux irlandais. L'auteur écrit l'histoire de ces illustres abbayes sous la règle de saint Colomban, règle qui dut s'effacer dans la suite à cause de sa sévérité exagérée, devant la règle plus sage, moins âpre, moins exclusive de saint Benoît.

Montalembert, né en Angleterre, devait nécessairement trouver dans son intelligence et dans son cœur des inspirations sympathiques pour raconter la conversion à l'Evangile de ce noble pays dont il chérissait par-dessus tout le génie libéral. Aussi, rapelle-t-il la grandeur séculaire du peuple anglais, de cette nation qui, seule, entre toutes les nations de l'Occident, ne pactisa jamais avec la conquête romaine dont elle n'adopta ni les lois, ni les mœurs. Dès les premiers siècles, elle avait reçu la lumière du Christianisme, dont l'éclat fut bientôt obscurci par l'invasion des Barbares. Au sixième siècle, les Anglo-Saxons, maîtres de la Grande-Bretagne depuis plus de cent ans, constituaient un grand peuple; ils étaient devenus les ennemis formidables de la religion chrétienne. L'Eglise bretonne avait fui devant ces farouches conquérants qui semaient partout la terreur et la persécution. Ce fut par l'inspiration de saint Grégoire le Grand, dont le regard vigilant dominait le monde barbare, que l'Angleterre devint chrétienne. Tout le monde connaît la pitié du moine Bénédictin envers les esclaves anglais exposés en vente au Forum, le moine Bénédictin se souvint, sous la tiare, de ces pauvres esclaves si beaux, malheureusement privés de la lumière divine. Il résolut de sauver leur nation, et envoya sur les plages lointaines de l'Angleterre le moine Augustin avec quarante religieux.

L'arrivée des missionnaires sur le sol de la Grande-Bretagne, leur entrevue avec le roi Ethelbert, leurs succès apostoliques, l'établissement de la hiérarchie par l'élévation d'Augustin au siége archiépiscopal de Cantorbéry, le baptême de dix mille infidèles le jour de Noël, les rapports de la nouvelle Eglise avec saint Grégoire le Grand, l'action et l'influence des moines missionnaires dans le nord de l'Angleterre, les résistances de l'ancien clergé breton à quelques observances romaines, la réaction païenne, le triomphe définitif du catholicisme; tous ces événements groupés avec art forment un drame saisissant dont les scènes si variées grandissent, s'illuminent des plus vives clartés sous la plume féconde de l'auteur de ce beau livre, où sont vraiment renfermés les titres de noblesse du peuple anglais. Quatre-vingt-douze ans avaient achevé la conversion de l'Angleterre... elle était devenue l'île des Saints. Les Anglo-Saxons, autrefois barbares et farouches, étaient devenus civilisés, pieux, ils avaient même donné dans l'ascétisme... Cette surabondance de vie chrétienne les rendit missionnaires à leur tour, de grands noms brillèrent dans les rangs de leur clergé national, parmi lesquels il faut distinguer le vénérable Bede, dont les écrits sont encore l'honneur de la religion, et l'une des gloires de la science ecclésiastique.

Montalembert énumère avec ampleur tous ces admirables résultats dont il attribue l'honneur aux ordres monastiques sans dissimuler les abus et les décadences qui se produisirent dans la suite... L'âge d'or est une chimère dans l'Eglise comme ailleurs. En écrivant ces belles origines chrétiennes de l'Angleterre, l'auteur ne peut s'empêcher d'exhaler une plainte. Aucun pays ne reçut le don de Dieu plus directement des papes et des moines; et aucun, hélas! ne les a sitôt et si cruellement trahis!

Montalembert dont la profondeur des pensées et la pureté du style attirent si fortement l'intérêt et la sympathie, devient d'une suavité remarquable toutes les fois qu'il démontre l'influence de la femme sur la société chrétienne, ou qu'il exalte ses vertus. Quelqu'un a dit qu'il tenait du prêtre et de la femme; cette appréciation est sans doute une critique dans l'esprit de l'écrivain qui a formulé cette opinion. On ne saurait y voir que l'éloge de son noble caractère et de la pureté de sa vie. Le prêtre et la femme sont les deux forces sociales des temps actuels, le prêtre à l'autel et dans la chaire évangélique, la femme dans ses monastères, ou bien assise au foyer domestique. L'un et l'autre, fidèles aux traditions religieuses de l'adolescence, ont conservé la vie divine par la foi, et cette vie réelle, pratique, séparée des doctrines philosophiques et des agitations politiques, qui ont trop souvent arraché les existences viriles aux fortes convictions de l'esprit et aux pures affections du cœur. Oui ! Montalembert, l'illustre orateur, l'écrivain érudit, l'ardent défenseur de la liberté, tenait du prêtre et de la femme. Voilà pourquoi il devient sublime lorsqu'il entreprend la description des monastères des religieuses anglo-saxonnes qui s'élevèrent aussi nombreux, aussi illustres que les monastères d'hommes sur le sol de l'Angleterre. Comme l'auteur saisit avec empressement cette belle occasion de proclamer hautement les services éminents que le Christianisme a rendus à la femme, en relevant sa dignité, son honneur ! Comme il signale, avec une exactitude historique merveilleuse, l'influence de la femme chez les nations germaniques, plus grande, plus respectée qu'au sein de la civilisation romaine, mais surtout remarquable et profonde chez les Anglo-Saxons ! Résultat magnifique de l'enseignement chrétien ! Ce peuple que l'apostolat avait eu tant de peine à arracher aux voluptés sensuelles fut celui qui se passionna davantage pour la virginité. Montalembert décrit l'enthousiasme, l'émulation des jeunes filles nobles pour la vie du cloître où elles allaient chercher, avec la solitude, l'amour de Dieu et les travaux intellectuels. Il raconte combien la puissance des abbesses devint considérable, et quelle influence prodigieuse elles exercèrent sur les événements politiques et religieux de la nation. Mais il écrit, en terminant ces récits historiques, des réflexions générales sur la vie religieuse, admirables de fraîcheur, de poésie, de sentiment. Les monastères de religieuses sont pour lui des jardins remplis de fleurs parfumées, de fruits éclatants et bénis. A peine si un léger souffle apporte à l'humanité contemporaine

le vestige éphémère de ce parfum... Que de jeunes et touchantes destinées ensevelies dans les ténèbres de l'oubli !.. De ce monde perdu dont nous nous efforçons de retrouver l'empreinte, tout a disparu, tout a changé, hormis l'armée du sacrifice... Chaque jour des milliers de créatures s'enrôlent dans les rangs de cette armée ; c'est la fleur du genre humain, fleur encore chargée de la goutte de rosée... Ah ! sans doute, Montalembert devait avoir, dans son cœur de père, des motifs particuliers et touchants pour chanter avec des accents si religieux l'hymne du sacrifice ! Sans doute, une apparition aux blanches ailes lui inspirait ces dernières paroles ! « Mais quel
» est-il donc, cet Amant invisible, mort sur un gibet
» il y a dix-huit siècles, et qui attire à lui la jeu-
» nesse, la beauté et l'amour ? Est-ce un homme ?
» Non ! c'est un Dieu !

Ces paroles furent le chant du cygne.... Montalembert ne put terminer lui-même cette importante publication. Dans les volumes posthumes qui conduisent le lecteur jusqu'à l'époque de saint Bernard, se retrouve la même érudition, le même zèle pour la liberté de l'Eglise, manifesté dans la belle histoire de saint Grégoire VII, moine et pape, héroïque défenseur de l'indépendance du Saint-Siége, le vrai réformateur de l'Eglise, le grand génie du moyen âge. On y rencontre également des études approfondies sur les rapports de la féodalité avec les ordres religieux, avec l'Eglise elle-même, sur l'union intime qui n'a jamais cessé de régner entre eux et la réfutation des erreurs historiques de quelques détracteurs qui ont voulu nier l'existence et la durée de cette union.

« Philosophes... industriels... légistes, réformateurs sociaux, vous tous, auteurs et docteurs de la société moderne, s'écrie l'historien catholique, tout cela s'est fait avant vous et sans vous... »

Pendant que Montalembert composait ce beau travail, il voyait grandir ses angoisses morales. Le pouvoir impérial s'engageait dans une voie qui devait lui être fatale, dans une politique dont les actes ne pouvaient qu'exciter les alarmes et provoquer les ressentiments du valeureux défenseur de l'Eglise. La guerre d'Italie, le Saint-Siége menacé, la Société de Saint-Vincent-de-Paul mutilée, les entraves apportées à la publication de l'Encyclique, tout cela désolait, irritait l'âme si catholique de Montalembert. Sa parole ne pouvait plus se faire entendre pour accuser les oppresseurs et défendre les opprimés ; il écrivait de courageux articles dans le *Correspondant* avec son indépendance accoutumée; on se souvient que l'un de ces articles lui valut les honneurs de la persécution. Il la supporta avec noblesse, avec une fierté peut-être excessive qui put donner lieu, alors, à diverses interprétations. Montalembert prouva, dans cette circonstance, qu'il y a des âmes trop élevées pour pactiser jamais avec le cri de la conscience, avec la voix impérieuse de l'honneur.

L'écrivain catholique, déjà si cruellement éprouvé dans son âme, devait bientôt ressentir une nouvelle affection; le grand orateur de Notre-Dame, le Père Lacordaire, s'acheminait vers la tombe dans son collège de Sorèze, dont il avait ressuscité les splendeurs. Du 25 au 29 septembre 1861, Montalembert visita son illustre ami, celui qui pendant de longues années avait combattu vaillamment à ses côtés pour la même cause, dont la vie allait tracer un sillon lumineux au ciel de l'Eglise catholique. Quelle consolation pour ces deux nobles cœurs de se trouver encore réunis avant la séparation suprême ! Cette entrevue, ces entretiens au seuil de l'éternité, furent pour Montalembert comme un dernier rayon de félicité.

En effet, les dernières années du célèbre orateur furent pénibles ! La souffrance s'était abattue sur son corps, s'affaiblissant de jour en jour, en proie aux douleurs les plus aiguës. Retiré dans un château solitaire, entouré de soins, d'amour, de sympathie, Montalembert ne pouvait dominer complétement les ardeurs de sa nature passionnée et augmentait ses angoisses par la vivacité même de ses affections. Il avait aimé la liberté jusqu'à la passion. La passion, quelque pure qu'elle soit dans son objet, finit toujours par engendrer la douleur et par obscurcir la vérité, lorsqu'elle n'en éteint pas tout à fait le flambeau.

Un fait immense, inattendu dans nos temps modernes, un concile œcuménique se préparait dans la capitale de la catholicité. Bientôt on vit les évêques du monde entier accourir des régions civilisées, comme des plages les plus lointaines, des glaces du pôle, des zones embrasées de l'Equateur, traverser la terre, les déserts, les montagnes et l'Océan pour se rendre à Rome à la voix du chef de l'Eglise. Cette imposante assemblée s'ouvrit dans la Ville Eternelle le 8 décembre 1869.

L'une des premières et des plus importantes questions qui devaient être présentées aux délibérations du Concile était, on s'en souvient, la définition dogmatique de l'infaillibilité doctrinale du Souverain-Pontife.

Cette définition, dont le but était de confirmer officiellement la tradition constante des siècles afin de donner une plus grande force aux enseignements du Saint-Siége, était impatiemment attendue par les uns et redoutée par les autres. Un parti s'était formé sous le nom de catholicisme libéral, qui taxait cette mesure d'imprudente, d'inopportune; quelques-uns hésitaient sur le fond même de la question dogmatique.

Dans le camp des ennemis déclarés de l'Eglise, le dogme en discussion suscitait des injures sans précédent, des colères inouïes. Jamais controverse religieuse n'avait soulevé de pareils orages, n'avait inspiré tant de haines, n'avait produit un plus grand nombre d'écrits hostiles et menaçants.

Il y avait évidemment dans cette controverse si profondément animée un danger manifeste, redoutable pour l'âme libérale de Montalembert.

Cette grande intelligence, qui avait sacrifié sa vie tout entière à la défense de la liberté religieuse, en présence de la définition de l'infaillibilité pontificale, se trouva dominée par deux terribles appréhensions. Montalembert crut apercevoir dans cette doctrine érigée en dogme comme une atteinte portée à la liberté générale de l'Eglise universelle, des évêques et des conciles. Il frémit à la pensée que l'Eglise, l'épouse libre du Christ, pourrait recevoir des entraves de son chef lui-même ou de ses propres lois. D'un autre côté, pénétré de la triste situation morale de notre société contemporaine, il envisageait avec effroi les conséquences possibles d'un acte qui pouvait faire croire à un défi porté aux gouvernements et à leurs institutions ; il entrevit peut-être de nouvelles hérésies, de nouveaux schismes, de cruelles persécutions, et se rangea parmi les adversaires de l'infaillibilité. Les opinions étaient encore libres, l'Eglise n'avait aucun intérêt à étouffer une discussion sérieuse, loyale, d'où jaillirait certainement la lumière. Montalembert était loin d'être isolé dans son opposition ; il était, au contraire, associé à des hommes illustres par leur caractère sacré, par leurs talents, par les services immenses qu'ils avaient rendus à la religion.

Sans doute, ce fut une illusion ; mais ce ne fut pas une illusion coupable ; il ne faut en rechercher le principe et la cause que dans la vivacité même de son amour pour l'Eglise et pour la liberté. Cet amour ardent de la liberté, il faut bien le dire pour être juste, impartial, fut cause que Montalembert, pendant toute sa carrière, ne tint pas assez compte du principe d'autorité et qu'il ne mesura pas assez la force de cette grande vérité sociale, savoir : que l'autorité est la sauvegarde de la vraie liberté. Il oublia peut-être que, dans nos temps modernes, avec notre civilisation, nos progrès, notre immense publicité, les despotismes autoritaires sont devenus impossibles. Le règne des tyrans est passé. Un seul tyran aujourd'hui est à redouter : c'est la liberté elle-même, lorsqu'elle est abandonnée à ses excès et mise au service de natures inférieures ou de jugements peu éclairés.

Dans la question de l'infaillibilité, il semble que Montalembert ait quelque peu perdu de vue la base fondamentale du catholicisme, qui est l'autorité. Certes, l'Eglise n'a jamais cessé d'être libérale dans sa discipline, eu égard aux circonstances de temps et de lieux ; elle n'a jamais pu admettre un libéralisme quelconque dans ses dogmes, les principes essentiels de sa morale, dans les divers degrés de sa hiérarchie.

Entraîné par l'ardeur de la lutte, Montalembert inspira quelques inquiétudes à ses amis, au chef de l'Eglise lui-même. Sa polémique était virulente, comme ardents avaient été ses discours; il poursuivait sans ménagements, de son style passionné, les écrivains qui défendaient la doctrine de l'infaillibilité avec éclat et talent, les regardant comme les ennemis les plus redoutables de l'Eglise et de la religion.

C'étaient les dernières étincelles qui s'échappaient de ce foyer ardent de libéralisme qui brûlait encore dans son cœur.

Le moment suprême approchait... Montalembert ne devait pas connaître l'arrêt définitif du concile du Vatican.

Il n'en est pas des grandes organisations comme des âmes vulgaires. Les âmes vulgaires se font un piédestal des petitesses humaines; l'âme d'élite, au contraire, se dégage vivement des ombres de la nature inférieure. C'est ce que fit Montalembert. Cet homme de génie, ce fervent catholique avait l'âme trop haute; il avait plané dans des sphères trop supérieures, il avait trop souvent nourri son esprit et son cœur des sublimes inspirations de la foi; il y avait en lui trop de science, trop d'amour, il avait approché de trop près la divinité, pour que dans les replis les plus cachés de cette grande âme il pût se trouver une place pour le doute, pour une révolte, encore moins pour une hérésie. S'il eût vécu, ses dernières affirmations l'ont prouvé, il eût incliné son noble front devant la décision du concile; il se fût prosterné dans la poussière et, comme ses illustres amis, fidèles défenseurs de la liberté religieuse, il se fût relevé d'autant plus grand qu'il se fût montré plus soumis.

Le comte Charles de Montalembert reposait à peine dans la tombe que sonnait pour la France l'heure terrible des combats, des désastres, l'heure des catastrophes inouïes. Dieu lui épargna cette horrible souffrance, cette cruelle agonie. Oui, il aurait expiré dans les tortures, ce noble chevalier de l'Eglise, s'il avait contemplé la France de Clovis, de Charlemagne, de saint Louis, se débattre mutilée, sanglante, sous le pied victorieux de l'Allemagne hérétique, s'il avait assisté aux luttes fratricides de la Commune, s'il eût été témoin de l'incendie de Paris !

Ah ! ce n'était pas l'avenir qu'il avait rêvé pour son pays, cet homme à l'imagination brillante, dont l'unique espérance avait été d'unir dans un même embrassement, sur le cœur de l'Eglise, les vertus du passé et les progrès du présent. O France, pourquoi n'as-tu pas réalisé un si sublime espoir ? Serais-tu destinée à tomber dans l'abîme, à marcher dans la nuit de l'erreur et du mal ? O France ! ton noble sol serait-il frappé de stérilité ? O toi, la patrie des grands hommes, le foyer de la civilisation, la terre classique de l'honneur! Toi, l'ennemie de toutes les servitudes, courberais-tu ta tête altière sous le joug de l'athéisme et de la corruption ?

Non! la séve catholique est immortelle ; elle bouillonne encore dans les veines de la France ; elle fera germer les nobles dévouements et les mâles vertus.

Montalembert est un des derniers grands hommes qui ont illustré le sol français; il a déposé au sein de notre société des principes féconds de libéralisme dont nous pouvons apprécier les glorieux résultats. La liberté de l'enseignement supérieur est venue couronner l'édifice dont il avait jeté les premiers fondements, et la renaissance des Universités catholiques montrer au monde que l'Eglise est victorieuse par la science comme par la sainteté.

Oui! noble défenseur du Christ, vos espérances se réaliseront! L'avenir est au catholicisme! Il lui réserve encore, sur la terre de France, des jours de triomphe et d'honneur.

Puisse cet éloge, écrit au souffle des tempêtes sociales et religieuses, en rappelant la splendeur d'un grand nom, avoir réussi à grouper les rayons immortels qui font jaillir la gloire en un seul foyer lumineux.... le souvenir, l'admiration, la reconnaissance et l'amour !

Toulouse, imprimerie Douladoure, rue Saint-Rome, 39.

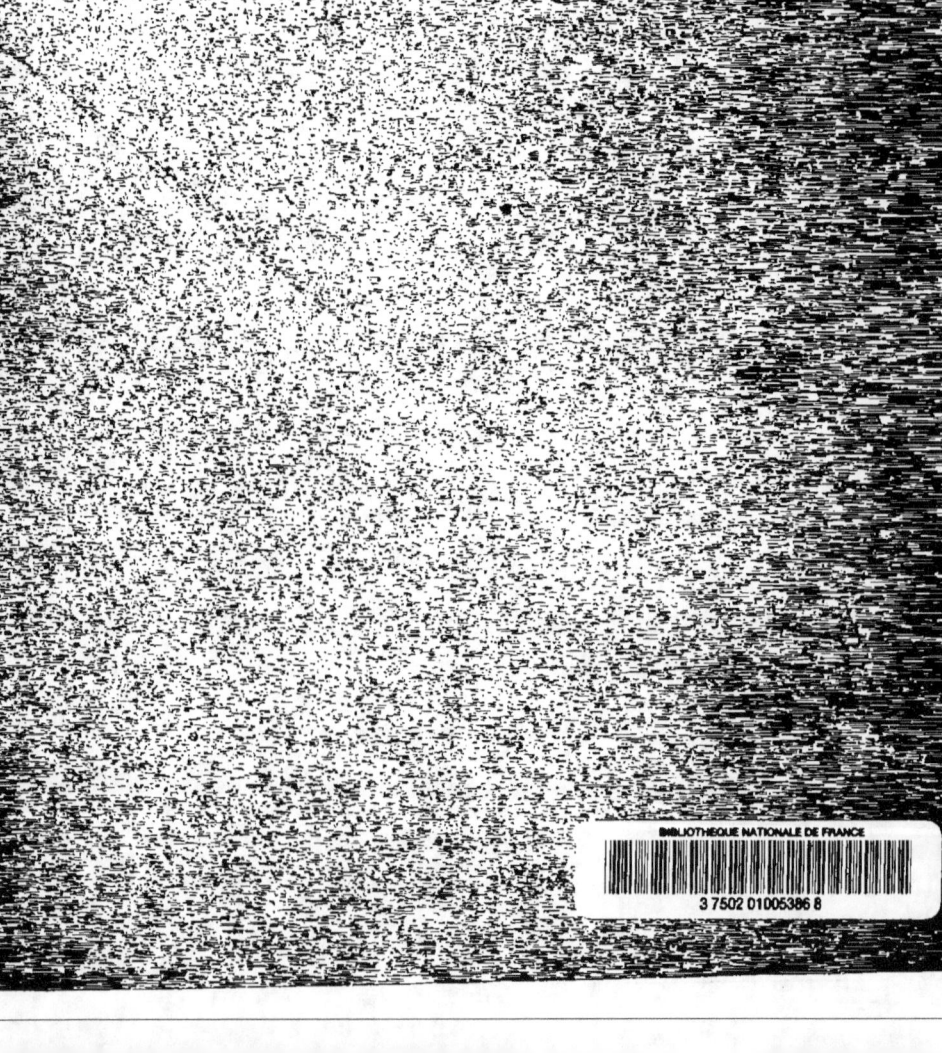

www.ingramcontent.com/pod-product-compliance
Lightning Source LLC
LaVergne TN
LVHW021003090426
835512LV00009B/2052